LEHRERFORTBILDUNG
IN NORDRHEIN-WESTFALEN

SCHULENTWICKLUNG UND SCHULMANAGEMENT
Band 1

Leonhard Horster
Wie Schulen sich entwickeln können
Der Beitrag der Organisationsentwicklung
für schulinterne Projekte

LANDESINSTITUT FÜR SCHULE UND WEITERBILDUNG

Verlag für Schule und Weiterbildung
DruckVerlag Kettler

In dieser Schriftenreihe erscheinen Materialien zur

LEHRERFORTBILDUNG IN NORDRHEIN-WESTFALEN

Beteiligte Institutionen :
    Das Kultusministerium des Landes Nordrhein-Westfalen
    Die Bezirksregierungen
    Die Schulämter
    Das Landesinstitut für Schule und Weiterbildung

SCHULENTWICKLUNG UND SCHULMANAGEMENT
In dieser Reihe erscheinen Grundlagentexte, Materialien und Konzepte
aus dem Bereich der Schulentwicklung und des Schulmanagements.

Gestaltung: Leonhard Horster

Satz: DTP-Büro Emin Özel, 33100 Paderborn

2. Auflage 1995

Nachdruck nur mit Genehmigung des
Landesinstituts für Schule und Weiterbildung
Paradieser Weg 64, 59494 Soest

ISBN 3-8165-2209-2

Vertrieb:
Verlag für Schule und Weiterbildung
DruckVerlag Kettler GmbH
Robert-Bosch-Straße 14
59199 Bönen

Bestellnummer: 2209

Inhalt

Vorwort 1

1. Einige Grundannahmen 11

1.1 Schulen ändern sich 12
1.2 Zentrale Themen gegenwärtiger Organisationsforschung 15
1.3 Strategien des Wandels 17
1.4 Organisationsentwicklung als personenbezogene Strategie des Wandels 22
1.5 Aufgabenfelder innerschulischer Entwicklungsarbeit 27
1.6 Innerschulische Entwicklungsarbeit als Prozeß 28

2. Aufgabenfelder im schulinternen Entwicklungsprozeß 31

2.1 Sammeln von Daten 32
    2.1.1 Kartenabfrage 32
    2.1.2 Selbstuntersuchung 35
    2.1.3 Phasen der Selbstuntersuchung 36
2.2 Vereinbaren von Entwicklungszielen 50
    2.2.1 Merkmale-Profil 51
    2.2.2 Problemformulierung 53
2.3 Planen des Entwicklungsprozesses 57
    2.3.1 Aufgabenanalyse 57
    2.3.2 Ablaufdiagramm 58
    2.3.3 Funktionen des Ablaufdiagramms 59
    2.3.4 Die Ziele über die Mittel klären 65
2.4 Durchführen der Entwicklung 66
    2.4.1 Projektmanagement 66
    2.4.2 Projektmanagement und Aufbauorganisation 69
    2.4.3 Stab, Linie, Matrix 70

2.4.4 Voraussetzungen und Aufgaben des
 Projektmanagements... 73
2.4.5 Rollenprobleme im Projektmanagement... 76
2.4.6 Kooperative Rollenklärung ... 77
2.5 Evaluieren der Ergebnisse... 78
    2.5.1 Zum Begriff "Evaluation"... 78
    2.5.2 Das Interesse an Evaluation ... 80
    2.5.3 Zur Funktion von Evaluation ... 82
    2.5.4 Vorbereitung einer Evaluation ... 81
    2.5.5 Handlungsebenen von Evaluation... 81
    2.5.6 Zu den Verfahren und Methoden der Evaluation ... 84
2.6 Widerstand gegen Wandel... 95

3. Einen schulinternen Entwicklungsprozeß initiieren... 101

3.1 Wie kann ein schulinterner Entwicklungsprozeß beginnen?... 102
    3.1.1 Der Wunsch nach Veränderung... 103
    3.1.2 Bildung einer Initiativgruppe... 104
    3.1.3 Erweiterung der Initiativgruppe... 105
    3.1.4 Vorstellen der Ideen im Kollegium ... 107
    3.1.5 Vorbereitung einer Pädagogischen Konferenz ... 108
3.2 Womit kann ein schulinterner Entwicklungsprozeß beginnen ... 111
    3.2.1 Die inhaltliche Dimension als Gegenstand schulischer Entwicklungsprozesse... 111
    3.2.2 Schulprofil... 120
    3.2.3 Analysebogen zum Schulprofil... 121
    3.2.4 Der Aussagewert des Analysebogens ... 124
    3.2.5 Selbstentwickelte Erhebungsinstrumente zum Schulprofil... 125
3.3 Benötigt der schulinterne Entwicklungsprozeß Unterstützung durch externe Helfer?... 138
    3.3.1 Schulentwicklungsmoderatoren... 138
    3.3.2 Kriterien... 139

4. Die ersten Schritte wagen 141

4.1 Zielklärungsübung 142
4.2 Ideensammlung 635 143
4.3 Zukunftswerkstatt 144
4.4 Kräftefeldanalyse 144
4.5 Prozeßanalyse 145

5. Zum Verhältnis von schulinterner Entwicklung und Schulmitwirkungsgesetz 159

5.1 Ziele und Inhalte innerschulischer Selbstentwicklungsprojekte .. 160
5.2 Organisation innerschulischer Selbstentwicklungsprojekte 161
5.3 Delegation als alltägliches Erfordernis 161
5.4 Die aufbauorganisatorische Struktur der Schule 164
5.5 Verhältnis zu den Mitwirkungsorganen 165
5.6 Die aufbauorganisatorische Einordnung der Steuergruppe 166
5.7 Praxisbeispiel für die Arbeit der Steuergruppe 168
5.8 Psychologische Barrieren gegenüber der Steuergruppe 170
5.9 Die Steuergruppe in der Matrixorganisation 171
5.10 Innerschulischer Selbstentwicklungsprojekte und pädagogische Leitung 173

6. Schulinterne Entwicklung in der Praxis - Ein Fallbeispiel 177

6.1 Das Institutionelle Schulentwicklungsprogramm 178
6.2 Die Schule 179
6.3 Die Moderatoren für Schulentwicklung 179
6.4 Die Schule aus der Sicht des Schulleiters 180
6.5 Die Motive des Schulleiters 181
6.6 Die Lehrerkonferenz 181
6.7 Die Steuergruppe 182
6.8 Der Kontrakt 184
6.9 Die Daten 185

6.10 Das Daten-feedback 189
6.11 Die Zielvereinbarung 191
6.12 Das Projektmanagement..193

7. Literatur 198

8. Register 202

Vorwort

"Statt auf den großen Tag zu warten" heißt programmatisch ein Aufsatz, in dem sich Robert Jungk mit dem Charakter bisheriger Utopien auseinandersetzt: "Die Utopie, wie wir sie bisher kennen, ist ausnahmslos das gedankliche Produkt Einzelner oder Weniger. Auch wenn diese Wenigen, wie das meist der Fall ist, das Glück der Vielen entwerfen, haben ebendiese Vielen daran keinen unmittelbaren Anteil. Man denkt für sie, aber nicht mit ihnen, über eine andere Zukunft nach."

"Habe Mut, dich deines eigenen Verstandes zu bedienen!" lautet seit Kant der Wahl- und Wappenspruch der Aufklärung, den es immer noch und immer wieder durch die Praxis einzuholen gilt.

"Es ist höchste Zeit," fordert Robert Jungk, "daß jeder gesellschaftlich engagierte, an der Gestaltung der Zukunft interessierte Mensch seine schöpferischen Vorstellungen in den politischen Prozeß einbringen kann. Das soll und darf ihm kein "Vordenker" und schon gar nicht ein politischer Funktionär abnehmen. Die soziale Phantasie darf nicht mehr von Herrschaftsgruppen monopolisiert werden, sondern sollte, aus vielen Köpfen und Herzen kommend, in kommunalen, regionalen, gesamtgesellschaftlichen Konzepten ihren Niederschlag finden."

Vielleicht war es dieselbe Überzeugung, aus der heraus der Deutsche Bildungsrat die Lehrerin/den Lehrer "...zum ersten und wichtigsten Träger fortschreitender Schul- und Bildungsreform" erklärt hat.

Zu dem Bemühen, diesen Anspruch einzulösen, will die vorliegende Schrift einen bescheidenen Betrag leisten: als **Handreichung für die schulische Praxis** von Lehrerinnen und Lehrern, als **Arbeitsbuch für die Seminarausbildung** von Lehramtsanwärter/inne/n. Wenn Innovieren zu den zentralen Rollensegmenten des Lehrerberufs gehört, müssen Lehrer und Lehrerinnen die Gelegenheit erhalten, sich hierin ebenso planvoll auszubilden, wie dies heute in den Bereichen des Unterrichtens und Beurteilens (allerdings noch weniger in den Bereichen des Erziehens und Beratens) möglich ist.

Ihre grundsätzliche Orientierung verdankt die vorliegende Darstellung dem Buch "Institutionelles Schulentwicklungsprogramm. Eine neue Perspektive für Schulleiter, Kollegium und Schulaufsicht" von Per Dalin und Hans-Günter Rolff. Wer sich über die theoretischen Grundlagen der im folgenden erläuterten Prinzipien, Methoden und Instrumente genauer informieren möchte, sei hierauf verwiesen.

Im Zentrum der vorliegenden Schrift soll der Versuch stehen, Praxisanleitung für die Selbstentwicklung von Schulen zu geben. Dieser Gedanke, der bereits bei der Konzipierung von Fortbildungsangeboten für Schulleiter/innen eine zentrale Rolle gespielt hat, soll nun aufgegriffen und weiter fortgeführt werden. Neben Schulleitungsmitgliedern soll auch Lehrerinnen und Lehrern die Möglichkeit geboten werden, sich mit dem "Handwerkszeug" schulischer Selbstentwicklung vertraut zu machen, um auf diese Weise als kompetente Partner in der Aufgabe wahrgenommen zu werden, die Schule zu leiten.

Schließlich bildet das hier vorgestellte Methodenrepertoire auch einen gemeinsamen Fundus für die Zusammenarbeit einer Schule mit externen Moderator/inn/en für Schulentwicklung.

Zum Aufbau des Bandes

Nach einer kurzen Übersicht über die für schulische Selbstentwicklung leitenden Grundannahmen in Kapitel 1 werden im Kapitel 2 die Aufgabenfelder eines schulinternen Entwicklungsprozesses abgehandelt. Zu jedem der Aufgabenfelder werden für seine Bearbeitung geeignete Verfahren vorgestellt und vor dem Hintergrund praktischer Erfahrungen kommentiert. Dieses "Methodenkapitel" wird ergänzt durch das Kapitel 4: "Die ersten Schritte wagen". Die dort präsentierten Instrumente sind besonders auch für einen vielfältigen Einsatz in der Lehrerausbildung geeignet.

Welche gruppenbezogenen und inhaltlichen Probleme im Rahmen eines schulinternen Entwicklungsvorhabens möglicherweise auftreten und wie damit umgegangen werden kann, thematisiert das Kapitel 3: "Einen schulinternen Entwicklungsprozeß initiieren".

Das Kapitel 5 untersucht, wie sich der Prozeß schulischer Selbstentwicklung in die Instanzen, Verfahren und rechtlichen Regelungen des Schulmitwirkungsgesetzes einpaßt.

Durch das in Kapitel 6 vorgestellte Fallbeispiel eines real durchlaufenen Entwicklungsprozesses sollen die zuvor untersuchten methodischen, inhaltlichen und strukturellen Fragestellungen mit größerer Anschaulichkeit ausgestattet werden.
Viele der in dieser Schrift vorgestellten Erfahrungen konnten in gemeinsamer Beratertätigkeit mit Klaus Isselburg gewonnen werden; Herbert Buchen hat durch hartnäckiges Nachfragen Einsichten zutage gefördert, die sonst durch vorschnelle Zufriedenheit verdeckt geblieben wären.

Zum Umgang mit diesem Band

In die Arbeit mit diesem Band kann - je nach Interessenlage und Vorkenntnissen - unterschiedlich "eingestiegen" werden.

Dem Wunsch nach Anleitung für eigene Entwicklungsvorhaben wird in Kapitel 2 (Aufgabenfelder im schulinternen Entwicklungsprozeß) und Kapitel 4 (Die ersten Schritte wagen) entsprochen.

Vor einer praktischen Umsetzung der hier unterbreiteten Verfahrensvorschläge sollte aber unbedingt die Lektüre von Kapitel 3 (Einen schulinternen Entwicklungsprozeß initiieren) stehen, in dem organisations- und personenbezogene Probleme thematisiert werden, die aus methodischen Gründen in den Kapiteln 2 und 4 nicht bearbeitet werden konnten.

In diesem Zusammenhang sei auch auf das Thema "Widerstand gegen Wandel" (S. 95) verwiesen, das gleichsam "quer" zu allen Aufgabenfeldern schulischer Entwicklungsarbeit bedacht werden muß. Ebenso sollte in selbstkritischer Prüfung darüber nachgedacht werden, ob ein Entwicklungsvorhaben ohne externe Unterstützung erfolgreich bearbeitet werden kann; Denkanstöße zur Entscheidung dieser Frage finden sich auf S. 138.

Wer noch über keinerlei persönliche Erfahrungen im Umgang mit den in diesem Band vorgestellten Instrumenten und Methoden verfügt, sollte zunächst Kapitel 6 (Schulinterne Entwicklung in der Praxis - Ein Fallbeispiel) lesen; vor diesem Hintergrund können die einzelnen Verfahrensvorschläge besser in ein Gesamtbild schulischer Entwicklungsarbeit eingepaßt und verstanden werden.

1. Einige Grundannahmen

1.1 Schulen ändern sich...

unabhängig davon, ob dies von ihren Mitgliedern bewußt angestrebt, scheinbar unbeteiligt zur Kenntnis genommen oder gar gegen ihren Willen erlitten wird.

Ob sich in einem Stadtteil durch ein Neubaugebiet drastisch die Zahl der Grundschulkinder erhöht, ob der Kultusminister neue Richtlinien für die kommunikationstechnologische Grundbildung erläßt, ob der Schulausschuß der Stadt die Zusammenlegung zweier bislang selbständiger Hauptschulen beschließt, ob das Nachbargymnasium vom nächsten Schuljahr an Lateinunterricht ab Klasse 5 anbietet, ob ein neuer Modetrend dauerhaft den Besuch von Friseursalons in Verruf bringt, alle diese Faktoren beeinflussen mehr oder weniger direkt die Arbeit in unseren Schulen: sei es, daß die Grundschule weitere Lehrkräfte zugewiesen bekommt, wodurch vielleicht selbstverständliche Übereinkünfte im Kollegium erneut thematisiert werden, sei es, daß für die Sekundarstufe I neue Prinzipien der Unterrichtsverteilung und Stundenplanung zu erarbeiten sind, sei es, daß die Zusammenführung zweier bislang selbständiger Kollegien bewältigt werden muß, sei es, daß das Kollegium des Gymnasiums gemeinsam berät, wie die Schule ein eigenes Schulprofil entwickeln kann, sei es schließlich, daß in der Beruflichen Schule keine Friseurklassen mehr gebildet werden können, so daß die bislang in diesem Bereich tätigen Kolleginnen und Kollegen anderweitig eingesetzt werden müssen.

Die meisten dieser Veränderungen spielen sich auf einer Ebene ab, die unterhalb der durch Gesetze definierten Strukturen liegt, so daß sich die scheinbar paradoxe Situation eines **ständigen inneren Wandels der einzelnen Schule** bei relativ **großer Stabiliät des Schulsystems** insgesamt herstellt. Ob dieses spannungsreiche Verhältnis von Beharrung und Veränderung in einer Schule produktiv bearbeitet wird, hängt maßgeblich von den Mitgliedern dieser Schule ab, von den Kolleginnen und Kollegen, von der Schulleitung und der zuständigen Schulaufsicht; hier sind die jeweiligen Wahrnehmungen, Einstellungen und Kompetenzen von besonderem Belang. Werden die Auslöser von Veränderungen als lästige Störung bewährter Ordnungen erlebt, auf die man eher gezwungenermaßen und nur punktuell ohne eigenes Konzept reagiert, oder werden sie als eine Chance genutzt, die eigene Schule nach den Vorstellungen und Bedürfnissen der in ihr tätigen Personen im Rahmen der gesetzlichen Möglichkeiten zu entwickeln? Kurz gefragt: verändern sich die Schulen bloß oder **...entwickeln sie sich auch?**

Damit Veränderungen in diesem Sinne aktiv gestaltet werden können, müssen Lehrerinnen und Lehrer über eine spezielle Qualifikation verfügen. Sie müssen, wie dies der Deutsche Bildungsrat formuliert hat, neben den Aufgaben des Lehrens, Erziehens, Beurteilens und Beratens auch die des **Innovierens** wahrnehmen können. (Der Begriff "Innovieren" schließt Tätigkeiten auf ganz unterschiedlichen Ebenen ein: er kann sich auf einzelne Unterrichtsvorhaben in inhaltlicher oder methodischer Hinsicht beziehen, er kann auf die Neukonzeption von Lehr- und Lernmitteln zielen, schließlich kann er auch in seinem umfassendsten Verständnis die Neustrukturierung des gesamten Schulwesens meinen.) Diese für die Weiterentwicklung der Schule als Organisation zentrale Qualifikation hat bislang im Lehrplan der Studienseminare keinen ausgewiesenen Ort gehabt.

Sicherlich haben sich Schulen immer schon entwickelt, sicherlich sind vielerorts Innovationen erprobt und erfolgreich durchgeführt worden. Die dabei individuell gewonnenen Erfahrungen der beteiligten Personen dürften aber in aller Regel kaum auf der Grundlage eines **Modells des organisatorischen Wandels** theoriegeleitet systematisiert und damit für die Schulpraxis verfügbar gemacht worden sein, ebensowenig ist eine Ausstattung mit einem **spezifischen Methodenrepertoire zur Entwicklung der Schule** Bestandteil der Seminarausbildung gewesen. Was im Bereich des Unterrichtens selbstverständliche Praxis ist, nämlich Lehrer/innen mit methodischen Kenntnissen und Fertigkeiten auszustatten, die die Erfordernisse des Lehrens und Lernens einer rationalen Planung auf der Grundlage eines didaktischen Modells zugänglich machen, muß für den Bereich des Innovierens erst noch geleistet werden. Hierzu will die vorliegende Schrift einen ersten Beitrag leisten. Das theoretische Modell, an dem sie sich orientiert, ist das der Organisationsentwicklung. Der Begriff "Organisationsentwicklung" läßt nun ganz unterschiedliche inhaltliche Akzentuierungen zu und umschließt eine Vielfalt verschiedenartiger Methoden und Zugriffsweisen (Siehe dazu: FRENCH/BELL: Organisationsentwicklung; Bern, Stuttgart 1982). Im Sinne einer ersten inhaltlichen Annäherung soll hier unter Organisationsentwicklung ein Konzept mit den folgenden von LAUTERBURG 1990 formulierten Grundmerkmalen verstanden werden:

- ganzheitliches Denken und Handeln,
- keine Maßnahme ohne Diagnose,
- Hilfe zur Selbsthilfe,

- Beteiligung der Betroffenen,
- rollende Planung. (1)

Um ein genaueres Verständnis der Eigentümlichkeit von Organisationsentwicklung zu ermöglichen, ist es hilfreich, zunächst die ihr zugrundeliegende Sichtweise von Organisation näher zu betrachten. Hierfür stellt K.Türk in seiner Untersuchung "Neuere Entwicklungen in der Organisationsforschung" wichtige Informationen bereit.

---

(1) **Ch. Lauterburg: Arbeitssupervision im Kollegenkreis.** Praxisbegleitende Qualifizierung durch geregelte Gruppen-Supervision. Manuskript 1990

1.2 Zentrale Themen gegenwärtiger Organisationsforschung

Klaus Türk gibt eine Übersicht über die Charakteristika von Organisationen aus der Sicht gegenwärtiger Organisationsforschung:
"In einem ersten, sehr kursorischen Überblick lassen sich neuere Fragestellungen in der Weise umreißen, daß man sie absetzt von herkömmlichen, unbefragten Lehrbuchdefinitionen, die in der Regel wie folgt lauten: **"Organisationen sind zielorientierte, rational geplante Systeme mit einer auf Dauer gestellten objektiv-versachlichten Struktur"**.
Im einzelnen wird dieser konventionellen Bestimmung von Organisationen folgendes entgegengesetzt:

(1) **Organisationen sind** nicht oder nur sehr rudimentär real-abstrahierende Systeme, vielmehr sind sie **lebensweltlich konstituierte Handlungszusammenhänge mit eigenen spezifischen Kulturen und Subkulturen.** Organisationale Kulturen wirken weltbildprägend und integrativ, aber auch über Subkulturbildung innerhalb der Großorganisationen durchaus dissoziativ. (...) Gerade Innovationsprozesse dürften im Spannungsfeld solcher Subkulturen lokalisiert sein und je nach dominanter Kultur unterschiedlich ausfallen. (...)

(2) **Organisationen verfügen** nicht oder nur rudimentär über eine objektiv-versachlichte Struktur, sondern vielmehr **über subjektiv bzw. begrenzt kollektiv differierende "cognitive maps" der eigenen Organisation**: soviele verschiedene Menschen man über die Organisationsstruktur befragt - soviele verschiedene Strukturbilder erhält man, etwas übertrieben formuliert. Die Frage des Organisationsforschers nach der "wirklichen" Organisationsstruktur erweist sich danach als schlicht falsch gestellt. Anstelle von allgemein geteilten und objektiven Strukturen bilden sich Regeln der Interaktion heraus; diese Regeln können dabei durchaus auf oberflächlichen Konsensfiktionen beruhen. (...)

(3) **Organisationen sind** nicht oder nur rudimentär auf Dauer stabil, vielmehr sind sie **permanent in Bewegung**: sie erreichen ihre Oberflächenstabilität nicht durch Gleichgewicht und Statik, sondern durch Bewegung. Organisationen verändern sich nicht nur tagtäglich, indem Anforderungen wechseln, Aufgaben differieren, Kooperationen sich neu formieren, Autoritäten sich etablieren oder in Frage gestellt werden; sie verändern sich nicht

nur dadurch, daß laufend formale Zusatzregeln in wohl allen Großorganisationen neu hinzukommen - es findet eine weitgehend unbeachtete Vorschriftenhypertrophie statt (diese kann man gleichsam als "Alterungsprozeß" von Organisationen bezeichnen); sondern Veränderungen finden auch statt durch permanente Lernprozesse des Organisationspersonals: jeder ist jeden Tag durch Erfahrungen des vorangegangenen Tages "klüger". Aus diesem Grunde ist der Faktor Zeit von Bedeutung: das Alter der Organisation insgesamt, das Dienst- und Lebensalter der Akteure, ihre Interaktions- und Arbeitsgeschichte, die Kooperations- und Kulturgeschichte von Abteilungen usw. Alles ist immer in Bewegung - dies erzeugt im laufenden Reproduktionsprozeß der sozialen Verhältnisse Variationen, Mutationen, Innovationen, aber auch Brüche und Absenkungen in die Vergessenheit. (...)

(4) Organisationen sind nicht zielorientierte, geplant-monolithische Blöcke, sondern "natural systems" (...), in denen organisationale Regeln, Ressourcen und Restriktionen für Machtspiele zur Verfügung stehen. Organisationen stellen sich danach eher als widerspruchsvolle konfliktäre politische Ökonomien dar, in denen um die Kontrolle über Ressourcen zum Aufbau materieller, kultureller und sozialer Kapitalien gerungen wird. Zielformulierungen dienen allein der rituellen Selbstdarstellung der Organisation nach außen oder gegenüber dem weniger mächtigen Organisationspersonal. Sie haben eher Mythencharakter. Ziele werden durchweg erst ex post formuliert. Ziele, Werte, Motive werden nicht als Handlungsursachen begriffen - und deshalb ist das Handeln auch nicht durch sie erklärbar. Ziele, Wertmotive sind vielmehr selbst Handlungsprodukte. Sie werden im Handeln hervorgebracht und sind somit selbst nicht erklärende Variable, sondern erklärungsbedürftig." (1)

---

(1) **K. Türk, Neuere Entwicklungen in der Organisationsforschung.** Ferdinand Enke Verlag Stuttgart 1989, S. 23 ff.

1.3 Strategien des Wandels

Die von Türk genannten Merkmale von Organisationen aus der Perspektive moderner Organisationsforschung sind insofern von Belang, als sich aus ihnen Konsequenzen ableiten lassen, wie und durch wen auf Organisationen eingewirkt wird, wenn es z.b. darum geht, Innovationen in Gang zu setzen.

Im herkömmlichen Verständnis des Bürokratie-Modells sind "**Organisationen (...) zielorientierte, rational geplante Systeme mit einer auf Dauer gestellten objektiv-versachlichten Struktur**". Diese Auffassung hat ihren Niederschlag gefunden beispielsweise im nordrhein-westfälischen Schulverwaltungsgesetz (SchVG) vom 21.Juni 1982. Dessen §1 definiert den Schulbegriff in folgender Weise: "**Schulen im Sinne dieses Gesetzes sind Bildungsstätten, in denen Unterricht unabhängig vom Wechsel der Lehrer und Schüler nach einem von der Schulaufsichtsbehörde unter Anführung dieser Vorschrift festgesetzten oder genehmigten Lehrplan erteilt wird.**"

Die vordringlichen Merkmale dieses Verständnisses von Schule als Organisation sind die **Personenunabhängigkeit** und **Weisungsgebundenheit** schulischer Abläufe. Innovationen kommen im Sinne dieses Verständnisses durch dienstliche Weisung der übergeordneten Hierarchieebene zustande: die Weisung selbst bewirkt die Innovation. Schulischer Wandel vollzieht sich durch die Ausübung von **Macht**, wobei Macht hier zu verstehen ist als gesetzlich legitimierte Macht, also nicht als Willkür diffamiert werden soll. Die **Machtstrategie** ist sicherlich die historisch am frühesten auftretende Strategie des Wandels, die gleichwohl bis heute ihre Berechtigung behalten hat, wenn es beispielsweise darum geht, in einem Staatswesen relativ einheitliche Bedingungen im Bildungsbereich zu gewährleisten.

Die Effizienz der auf Weisung zustande gekommenen Innovationen erhöht sich zweifellos, wenn sich die Weisung nicht nur auf ein Machtgefälle stützen kann, sondern wenn die Gründe, die zu der Weisung geführt haben, für jedermann einsichtig und nachvollziehbar sind und wenn sie sich auf empirische Daten stützen. In diesem Fall spricht man von **rational-empirischen Strategien**.

Ein Beispiel für die Kombination von Machtstrategie und rational-empirischer Strategie des Wandels ist z.B. die durch Erlaß herbeigeführte landesweite Etablierung eines neuen Ausbildungsganges nach einer vorangegangenen Phase des Schulversuchs.

Machtstrategien und rational-empirische Strategien sind also wichtige Instrumente einer zentral verfaßten Institution zur Umsetzung ihres gesetzlichen Auftrages, landesweit für vergleichbare Rahmen- und damit letztlich auch Lebensbedingungen zu sorgen.

Aber: Machtstrategien und rational-empirische Strategien haben ihre Grenzen, wo sie in einen Widerstreit zu den Personen geraten, die die entsprechende Weisung umsetzen sollen: zu ihren Normen und Werten, ihren Motiven, ihren Kenntnissen, Fertigkeiten und Erfahrungen, ihren Vorlieben, Gewohnheiten und Routinen, ihren Beziehungen und personalen Orientierungen. Dieser Sachverhalt wirkt sich auf vergleichsweise banale Fragen wie auch auf schulpolitische Grundsatzentscheidungen aus. So kann beispielsweise die Einführung eines wissenschaftlich und fachdidaktisch hoch gerühmten neuen Fremdsprachenlehrbuches in einem Kollegium an der schlichten Tatsache scheitern, daß die Fachlehrer im Laufe der Zeit ihre alten Lehrbücher mit ihre Unterrichtsvorbereitung erleichternden Marginalien versehen haben, die für das neue Lehrbuch erst mühselig wieder erarbeitet werden müßten. Ebenso kann eine neue Schulform durch die aussagekräftigsten empirischen Daten in ihrer Effizienz ausgewiesen sein: ihre Akzeptanz bei Lehrern und Eltern wird möglicherweise nicht daran gemessen, sondern eher an der Frage, ob sie den Wertvorstellungen der Lehrkräfte oder den Schulwahlmotiven der Eltern entspricht. Vielleicht ist ja die Frage, wie sich eine Schule auf die soziale Konkurrenzfähigkeit ihrer Absolventen auswirkt, aus einer bestimmten Interessenperspektive viel wichtiger als die Frage, ob diese Schulform in der Lage ist, ein bestimmtes Bildungsziel zu vermitteln. Mit diesen Beispielen ist eine Dimension in den Blick genommen, die durch Machtstrategien oder empirisch-rationale Strategien nicht ohne weiteres beeinflußt werden kann und die sich bei vielfältigen Gelegenheiten im Schulalltag auf die Durchsetzbarkeit von Innovationen auswirkt. Diese Dimension ist vornehmlich durch die in den Organisationen handelnden Personen bestimmt, von denen eben nicht einfach abstrahiert werden kann. Hierauf macht die neuere Organisationsforschung aufmerksam, wie Türk im Hinblick auf vier **Aspekte** erläutert, die durch eine Reihe von **Fragen** aufgeschlüsselt werden können:

1. "Organisationen sind lebensweltlich konstituierte Handlungszusammenhänge mit eigenen spezifischen Kulturen und Subkulturen":

Welchen Berufsverbänden gehören die Kollegiumsmitglieder an? Welche politischen Richtungen bevorzugen sie? Wie ist die Altersstruktur des Kollegiums? Welchen kulturellen Stile sind im Kollegium vertreten? Gibt es Freundschaftsgruppen?

2. "Organisationen verfügen über subjektiv bzw. begrenzt kollektiv differierende Strukturbilder der eigenen Organisation.":

Wer beeinflußt in der Schule den Prozeß der Meinungsbildung und Entscheidungsfindung in wichtigen Fragen aus der Sicht
- des Schulleiters,
- der älteren Kolleg/inn/en,
- der jüngeren Kolleg/inn/en,
- bestimmter Gruppierungen?

3. "Organisationen sind permanent in Bewegung: sie erreichen ihre Oberflächenstabilität nicht durch Gleichgewicht und Statik, sondern durch Bewegung.":

Hat es in den letzten Jahren (freiwillige?) Zu- und Abgänge im Kollegium gegeben? Wie haben sich die Schülerzahlen entwickelt? Gibt es neue Richtlinien? Sind besondere Probleme z.B. im Hinblick auf die Lernvoraussetzungen der Schüler, den sozialen Einzugsbereich der Schule, die Zusammenarbeit mit dem Schulträger aufgetreten? Wie hat die Schule darauf reagiert?

4. "Zielformulierungen dienen (...) der rituellen Selbstdarstellung der Organisation nach außen oder gegenüber dem weniger mächtigen Organisationspersonal. Ziele, Werte, Motive werden nicht als Handlungsursachen begriffen - und deshalb ist das Handeln auch nicht durch sie erklärbar.":

Ist das Handeln der in der Schule tätigen Personen allein aus den pädagogischen Leitideen der Schule zu erklären? Welche Rolle spielen Streben nach Selbstverwirklichung, Rivalität, beruflicher Ehrgeiz, Freude an der Selbstdarstellung, Resignation, Begeisterung für ein bestimmtes Fach, Streben nach Einfluß und Ansehen, der Wunsch nach Ruhe...?

Während also im herkömmlichen Verständnis von Organisation Aussagen über **die** Schule schlechthin gemacht worden sind, zeigen die oben aufgeführten Fragestellungen, daß die Wirklichkeit der einzelnen Schule viel komplexer ist, als es durch ein bürokratisches Strukturbild dargestellt werden kann. Diese Komplexität, die letztlich auf die in der Schule handelnden Personen zurückzuführen ist und jeder Schule zu einem ihr eigentümlichen Profil verhilft, gilt es in Rechnung zu stellen, wenn Innovationen zur Sache der Organisationsmitglieder selbst werden und ihre konkrete Praxis verändern sollen. Gefordert sind **personenorientierte Strategien des Wandels**, die die Mitglieder der Organisation Schule nicht darauf reduzieren, die Empfänger von dienstlichen Weisungen zu sein. Die Mitglieder der Organisation Schule müssen vielmehr Subjekte innerschulischer Entwicklungsprozesse sein können: dies verlangt nach Verfahren, die auf Prinzipien wie Selbstuntersuchung, Selbstklärung und Selbstentwicklung gegründet sind.

An dieser Stelle gilt es jedoch, einem möglichen Mißverständnis entgegenzuwirken. Mit der Forderung nach personenorientierten Strategien des Wandels soll die Existenzberechtigung von Machtstrategien oder empirisch-rationalen Strategien nicht geleugnet werden. Bei aller Notwendigkeit, sich auf die Situation der individuellen Schule und die Bedürfnisse der in ihr wirkenden Menschen einzustellen und diese zum Motor schulischer Entwicklungsarbeit zu machen, kann nicht der staatliche Auftrag vernachlässigt werden, für die Vergleichbarkeit schulischer Laufbahnen und Abschlüsse zu sorgen. Die drei genannten Strategien des Wandels ergänzen sich insofern gegenseitig, als sie unterschiedliche Dimensionen schulischer Entwicklung thematisieren.

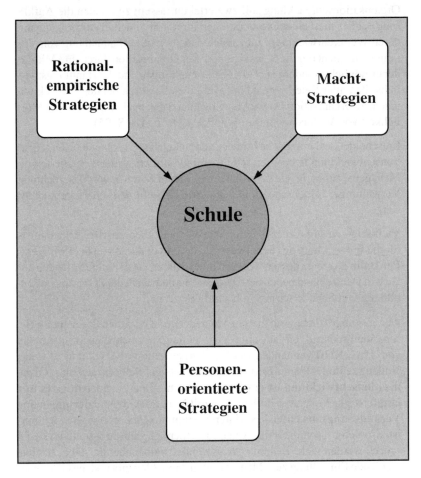

L. Horster nach Per Dalin

1.4 Organisationsentwicklung als personenbezogene Strategie des Wandels

Organisationsentwicklung soll zweierlei umfassen: zum einen die Aufklärung der Eigenart einer Organisation in ihrer individuellen Ausprägung und deren Weiterentwicklung, zum anderen die bewußte Handhabung von Verfahren, die nicht nur die Selbstdiagnose der Organisation durch ihre Mitglieder ermöglicht, sondern auch die Zielvorstellungen und die Handlungsmöglichkeiten aller Beteiligten zu mitwirkenden Faktoren bei der Entwicklung machen. Organisationsentwicklung rechnet dabei auch immer mit der Möglichkeit von Widerstand gegen Wandel (siehe hierzu S. 95)

Entscheidende theoretische Impulse verdankt eine so verstandene Organisationsentwicklung neben der Schultheorie vor allem den Erkenntnissen der Managementtheorie, die derartige Probleme im Bereich von Unternehmen, Verwaltungen, Hochschulen und anderen Institutionen seit langem analysiert.

Vielfältige Anstöße zur Adaption management-theoretischer Erkenntnisse für die Entwicklung des Schulwesens wurden vor allem von dem Norweger **Per Dalin** gegeben, dessen Arbeiten international viel Beachtung fanden und auch in Deutschland neben der Theorie vor allem auch die Praxis in der Fortbildung von Schulleiter/inne/n beeinflussen. (1)

Als erste begriffliche Annäherung kann für den schulischen Bereich eine Beschreibung des mit "Organisationsentwicklung" bezeichneten Sachverhaltes von **H.G. Rolff** verstanden werden: "Organisationsentwicklung ist weder Vollzug zentraler Planungen noch "wildwüchsige" Selbsterneuerung. **Organisationsentwicklung ist ein offenes, planmäßiges, zielorientiertes und langfristiges Vorgehen im Umgang mit Veränderungsforderungen und Veränderungsabsichten in sozialen Systemen.** Organisationsentwicklung ist also keine Technik, kein System. In einem Organisationsentwicklungsprozeß werden viele Techniken angewendet, wobei aber die dabei sichtbar werdende Einstellung zum Menschen den Ausschlag gibt und die Glaubwürdigkeit der Motive und Absichten beeinflußt. Organisationsentwicklung will die pädagogischen, technischen und menschlichen Aspekte einer Schule integrieren,(...). Sie betrachtet die Bedürfnisse der Schule und ihrer Mitglieder als gleichberechtigt.

---

(1) **P. Dalin, Organisationsentwicklung als Beitrag zur Schulentwicklung.** Innovationsstrategien für die Schule. Ferdinand Schöningh, Paderborn 1986

Ziel eines Organisationsentwicklungsprozesses **ist die Selbstentwicklung der Mitglieder und die Selbsterneuerung der Organisation."** (1)

Nach Sherwood liegen den OE-Konzepten u.a. folgende **Annahmen** zugrunde:
"* Eine Arbeitsorganisation, die in gleicher Weise individuelle wie organisatorische Bedürfnisse befriedigt, führt tendenziell zu höchster Produktivität.
* Die meisten Organisationsmitglieder werden stärker durch eine Arbeit motiviert, die anregend und verantwortungsvoll ist, als durch eine straff kontrollierte. (...)
* Wandel ist dann am erfolgreichsten, wenn die Betroffenen bei seiner Planung und Implementation aktiv beteiligt waren. " (2)

Aufgrund dieser Annahmen orientiert sich die Arbeit in einem Schulentwicklungsprogramm an folgenden **Prinzipien**:

1. Alle Mitglieder der Schulgemeinschaft haben das gleiche Recht, an der Gestaltung ihres Arbeitsplatzes mitzuwirken.
2. Verschiedene Sichtweisen der schulischen Arbeit sind sowohl bei der Planung als auch bei der Durchführung von Neuerungen unbedingt erforderlich.
3. Normalerweise werden Gespräche über und Initiativen zur Entwicklung der Schule von der offiziell gewählten Leitung und den Aktivsten und den Wortgewandtesten beherrscht. Organisationsentwicklung möchte auch zurückhaltenderen Kolleg/inn/en zu aktiver Beteiligung verhelfen.
4. Die Arbeit ist prozeßorientiert. Es ist daher wichtig, daß die Schule ihre Arbeitsweisen kritisch einschätzt und andere Arten der Zusammenarbeit und der Problemlösung in dem Maße lernt, wie solche Bedürfnisse aufgedeckt werden.
5. Soll die Schule sich Organisationsentwicklung wirklich zu eigen machen und so bald wie möglich die notwendigen Prozesse selbst bewältigen können, müssen konkrete, einfache Hilfsmittel bereitgestellt werden, die von der Schulleitung und von Lehrer/inne/n und Schüler/inne/n ohne Beistand von außen benutzt werden können.

---

(1) **H.-G. Rolff**, Schulleitungsseminar: Grundkurs "Organisationsentwicklung". Soest 1986
(2) Zitiert nach: **Wolfgang H. Staehle, Management.** Eine verhaltenswissenschaftliche Perspektive. Verlag Franz Vahlen, München 1989, S. 835

Das grundlegende Interventionsmodell fast aller OE-Programme, darauf machen French und Bell aufmerksam, ist das **Aktionsforschung**smodell. H.-G.Rolff erläutert unter Berufung auf Klafki diesen Begriff in folgender Weise:

"KLAFKI kennzeichnet Aktionsforschung, auch Handlungsforschung genannt, durch drei allgemeine Merkmale (KLAFKI 1974, S.267 ff.). Danach ist Aktionsforschung erstens in ihrem Erkenntnisinteresse und damit ihren Fragestellungen von Anfang an auf gesellschaftliche bzw. auf pädagogische Praxis bezogen, sie will der Lösung gesellschaftlicher bzw. praktisch-pädagogischer Probleme dienen. Aktionsforschung vollzieht sich zweitens in direktem Zusammenhang mit den jeweiligen praktischen Lösungsversuchen, denen sie dienen will; sie greift als Forschung unmittelbar - und nicht erst nach vollzogenem Forschungsprozeß als sog. "Anwendung" der Forschungsergebnisse - in die Praxis ein, und sie muß sich daher für Rückwirkungen aus dieser von ihr selbst mit beeinflußten Praxis auf die Fragestellungen und die Forschungsmethoden im Forschungsprozeß selbst - und nicht erst in der abschließenden Auswertungsphase im Hinblick auf zukünftige Forschung - offenhalten. Aktionsforschung hebt drittens (...) bewußt und gezielt die Scheidung zwischen Forschern auf der einen und Praktikern in dem betreffendem Aktionsfeld - in unserem Falle: den pädagogischen Praktikern - auf der anderen Seite auf zugunsten eines möglichst direkten Zusammenwirkens von Forschern und Praktikern im Handlungs- und Forschungsprozeß. Aktionsforschung ist also Innovationsforschung, Forschung im Zusammenhang mit und zum Zwecke von Reformen im Erziehungs- und Bildungswesen. Sie ist vor allem ein Herzstück schulverändernder OE-Maßnahmen (vgl. FROHMAN u.a. 1976).

In der noch in den Anfängen stehenden methodologischen Diskussion über Probleme der Aktionsforschung zeichnet sich ab, alle an ihr Beteiligten, die Forscher wie die pädagogischen Praktiker und die Schüler bzw. die zu Erziehenden, ggf. Eltern und weitere Bezugsgruppen in einen Innovations- und damit in einen komplexen Lernprozeß zu versetzen. Forschungsinstrumente dürfen deshalb nur eingesetzt werden, wenn sie den angestrebten Innovationsvorgang nicht zu behindern drohen. Das kann aber durchaus der Fall sein, wenn z.B. der Einsatz eines Fragebogens bei Lehrern oder Eltern oder eines Tests bei Schülern Folgen - etwa emotionale Sperren gegenüber dem Forschungsteam, Isolierung des Einzelschülers in einem auf soziale Kooperation abhebenden Projekt usw. - haben könnte, die den Innovationsprozeß hemmen könnten.

Für Aktionsforschung ist es wesentlich, daß sie nicht Zielsetzungen der Innovation und wissenschaftliche Fragestellungen von außen in die Praxis hineintragen will, sondern diese Ziele möglichst weitgehend zusammen mit den Praktikern und aus den Bedingungen des jeweiligen Praxisfeldes heraus entwickelt und dementsprechend ihre wissenschaftlichen Fragestellungen formuliert werden. Das setzt einmal voraus, daß sie das Selbstverständnis der im Praxisfeld interagierenden Personen, ihre Sichtweise der Probleme, ihre Intentionen und Schwierigkeiten hermeneutisch aufzuschlüsseln versucht ("Lebensweltanalyse"); z.a. ist es notwendig, Kommunikationsbedingungen zwischen "Forschern" und "Praktikern" zu schaffen, die ggf. unterschiedlichen Ausgangspositionen und Perspektiven miteinander zu vermitteln und eine gemeinsame Sprache zu finden, in der man angst- und herrschaftsfrei miteinander argumentieren kann. Das bedeutet auch, daß Aktionsforschung anstrebt, die im Untersuchungsfeld handelnden Personen (z.B. Lehrer und Schüler) auch gegenüber den Forschern aus der Rolle bloßer Untersuchungsobjekte zu befreien, sie vielmehr der Forschung gegenüber im Prinzip als gleichberechtigte, kritische Partner anzuerkennen bzw. sie zu solcher Gleichberechtigung schrittweise zu befähigen. Das bedeutet, daß Aktionsforschung den "Erforschten" von Anfang an erstens möglichst weitgehenden Einblick in die Ziele und Voraussetzungen der Forschung vermitteln, ihnen zweitens Mitbestimmungsmöglichkeiten über Forschungsziele und Verfahren eröffnen und ihnen drittens, soweit irgend möglich, Chancen zum Mitvollzug der Forschung geben muß. (...)

Die Forschungsinstrumente, z.B. Fragebogen, Interviews, Tests, Beobachtungsverfahren u.ä. gewinnen in der Handlungsforschung - jedenfalls z.T. - einen gegenüber der klassischen empirischen Forschung neuen Sinn: Sie sollen , soweit möglich, zu Hilfen für die Selbstaufklärung, Selbstkontrolle Selbststeuerung der in dem betreffenden Praxisfeld tätigen Personen werden.(...)" (1)

---

(1) **Hans Günter Rolff**, Schulleitungsseminar: Grundkurs "Organisationsentwicklung", Soest 1986

Das Aktionsforschungsmodell besteht nach French und Bell grundsätzlich aus den folgenden Elementen:
" 1. einer ersten Diagnose;
2. dem Sammeln von Daten durch das Klientensystem;
3. dem Datenfeedback an das Klientensystem;
4. der Untersuchung der Daten durch das Klientensystem;
5. der Handlungsplanung;
6. der Durchführung der Maßnahmen." (1)

(Der aus dem angelsächsischen Sprachgebrauch abgeleitete Begriff "Klientensystem" bezeichnet in diesem Zusammenhang die Gesamtheit der Mitglieder des sozialen Systems, das eine Entwicklung plant.)

In Anlehnung an das Aktionsforschungsmodell eröffnen sich in einem schulinternen Entwicklungsvorhaben grundsätzlich die folgenden fünf Aufgabenfelder: **Daten sammeln, Ziele vereinbaren, Entwicklungsvorhaben planen, Entwicklung durchführen, Ergebnis evaluieren.**

Diese Aufgabenfelder können in einem größeren innerschulischen Entwicklungsprozeß gleichsam einzelne Phasen darstellen (siehe Grafik " Phasen im Schulentwicklungsprozeß"), es ist aber auch denkbar, einzelne Aufgabenfelder auch in kleineren Zusammenhängen und für sich zu bearbeiten, um so dem Prinzip der Personenorientierung wenigstens in einem überschaubaren Bereich nahezukommen. Beispielsweise ist es denkbar, daß im Rahmen einer Konferenz eine Datensammlung auf der Grundlage einer Kartenabfrage (Siehe S. 32) durchgeführt wird, um die Diskussion des Kollegiums auf eine breitere Basis zu stellen; ebenso kann am Ende einer Konferenz eine Prozeßanalyse (S. 158) durchgeführt werden, um für künftige Konferenzen Hinweise für bessere Beteiligungsmöglichkeiten des Kollegiums zu gewinnen. In diesem Sinne kann mit Organisationsentwicklung ohne großen Aufwand und bei vielfältigen Gelegenheiten alltäglicher Arbeit begonnen werden. So stellt sich allmählich eine Vertrautheit mit dieser Arbeitsweise und ihren zugrundeliegenden Prinzipien ein, die vielleicht die Bereitschaft weckt, eines Tages auch größere schulinterne Entwicklungsvorhaben auf diese Weise zu bearbeiten.

---

(1) W.L. French, C.H. Bell jr., Organisationsentwicklung. UTB 486. Verlag Paul Haupt, Bern und Stuttgart 1982, S. 34

1.5 Aufgabenfelder innerschulischer Entwicklungsarbeit

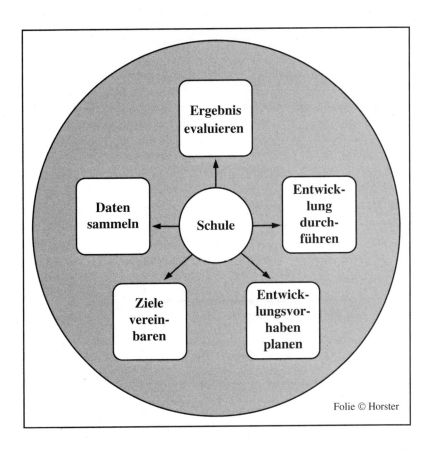

Prinzipien schulinterner Entwicklungsvorhaben auf der Grundlage von Organisationsentwicklung:

Selbstuntersuchung
Selbstklärung
Selbstentwicklung

1.6 Innerschulische Entwicklungsarbeit als Prozeß

Die in der folgenden Grafik dargestellten Phasen dürfen nicht als lineare Abfolge von Einzelschritten gedeutet werden. In einem Entwicklungsprozeß wird es - je nach den konkreten Bedingungen und Erfordernissen - verschiedentlich zu "Wiederholungen früherer Schritte" kommen (siehe Folie "Die Bearbeitung der Aufgabenfelder als vernetzter Prozeß), beispielsweise wenn eine **geplante** Entwicklung in einem Optimierungsprozeß den **tatsächlichen** Möglichkeiten der Organisation angepaßt wird, auch ist es denkbar, daß ein Entwicklungsvorhaben seinen Ausgang vom Aufgabenfeld "Evaluieren der Ergebnisse" oder vom Aufgabenfeld "Entwicklungsvorhaben planen" nimmt. Die Grafik "Aufgabenfelder innerschulischer Entwicklungsarbeit" verdeutlicht, daß von ganz unterschiedlichen Ausgangspunkten her in einen Entwicklungsprozeß eingestiegen werden kann, weil Entwicklung immer auch Weiterentwicklung ist.

Jede der fünf Phasen wird sich über einen längeren Zeitraum erstrecken und

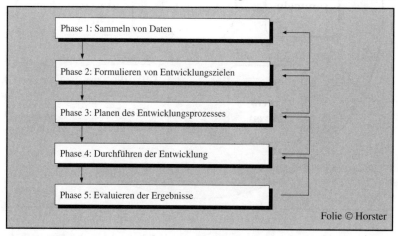

in einem Bündel verschiedener Maßnahmen konkretisieren. **Die folgenden Kapitel bilden in ihrer Gliederung den idealtypischen Verlauf eines Schulentwicklungsprozesses ab.** Für jede der fünf Phasen werden einschlägige Methoden vorgestellt und ansatzweise mit didaktischen und methodischen Kommentaren versehen. Um eine unmittelbare Praxisanwendung zu erleichtern, sind Kopiervorlagen für Folien und Arbeitsmaterialien beigefügt worden.

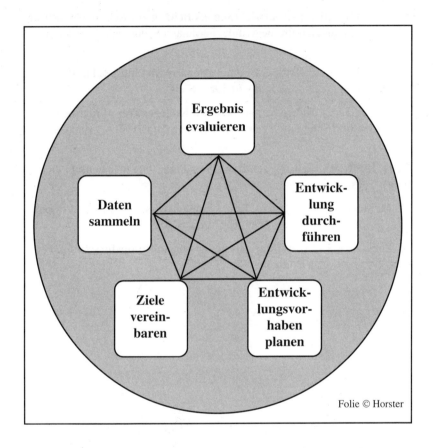

Die Bearbeitung der Aufgabenfelder als vernetzter Prozeß

Literatur

P. Dalin, Organisationsentwicklung als Beitrag zur Schulentwicklung. Innovationsstrategien für die Schule. Ferdinand Schöningh, Paderborn 1986

W.L. French, C.H. Bell jr., Organisationsentwicklung. UTB 486. Verlag Paul Haupt, Bern und Stuttgart 1982, S. 34

Ch. Lauterburg: Arbeitssupervision im Kollegenkreis. Praxisbegleitende Qualifizierung durch geregelte Gruppen-Supervision. Manuskript 1990

H.-G. Rolff, Schulleitungsseminar: Grundkurs "Organisationsentwicklung", Soest 1986

W. H. Staehle, Management. Eine verhaltenswissenschaftliche Perspektive. Verlag Franz Vahlen, München 1989, S. 835

K. Türk, Neuere Entwicklungen in der Organisationsforschung. Ferdinand Enke Verlag Stuttgart 1989, S. 23 ff

2. Aufgabenfelder im schulinternen Entwicklungsprozeß

Die in diesem Kapitel vorgestellten Verfahren und Instrumente sind unter dem Gesichtspunkt ausgewählt worden, daß sie von einer Schule / einem Seminar möglichst ohne Anleitung durch externe Experten selbständig angewendet werden können.

*Die Ausführungen zu den das Kapitel gliedernden **Aufgabenfeldern** sind so angelegt, daß jeweils in einem Abschnitt **"Zum Vorgehen"** das entsprechende Verfahren vorgestellt wird, angereichert durch Beispiele, Schemazeichnungen und z.T. Dokumente aus realen Entwicklungsvorhaben. Unter der Überschrift **"Kommentar"** folgen in der Regel Erläuterungen, die auf besondere Probleme bei der Handhabung des jeweiligen Verfahrens, seine spezifischen Leistungen und auf mögliche Alternativen eingehen.*

2.1 Sammeln von Daten

"Kartenabfrage" und "Selbstuntersuchung" sind zwei unterschiedlich aufwendige Verfahren, die im Aufgabenfeld "Sammeln von Daten" eingesetzt werden können. Unter "Daten" sollen in diesem Zusammenhang nicht nur numerische Daten verstanden werden, sondern alle Arten von Informationen zu einem gegebenen Thema.

2.1.1. Kartenabfrage

Beispiel: Die Mitglieder eines Kollegiums wollen sich darüber verständigen, wie sie jeweils ihre Schule einschätzen. Dies kann auf einfache Weise mit dem Verfahren der Kartenabfrage geschehen.

Zum Vorgehen

Jede/r Teilnehmer/in erhält eine beliebige Anzahl von Aktionskarten in zwei verschiedenen Farben.

Der Arbeitsauftrag lautet: Notieren Sie bitte, worin Sie die Stärken und Schwächen Ihrer Schule sehen. (Auf jeder Karte wird jeweils nur ein Thema/Stichwort in großer, auch aus einigem Abstand gut leserlicher Schrift notiert. Für "Stärken" bzw. "Schwächen" werden jeweils Karten in einer Farbe benutzt.)

Die ausgefüllten Karten werden von den Teilnehmer/inne/n in ungeordneter Reihenfolge mit Klebestreifen an die Wand geklebt. Alle Teilnehmer/innen treten vor die Karten und ordnen diese durch Umhängen nach Themenschwerpunkten. Jeder Themenschwerpunkt wird durch eine Überschrift (Karte ausfüllen) gekennzeichnet. Ist der Sinn einer Formulierung nicht eindeutig zu erschließen, werden Rückfragen an den Verfasser gestellt. Am Ende des Prozesses entsteht ein Bild, das in zweifarbiger Gliederung eine Übersicht über die Stärken und Schwächen der Schule gibt, wobei diese wiederum nach Themenfeldern geordnet sind.

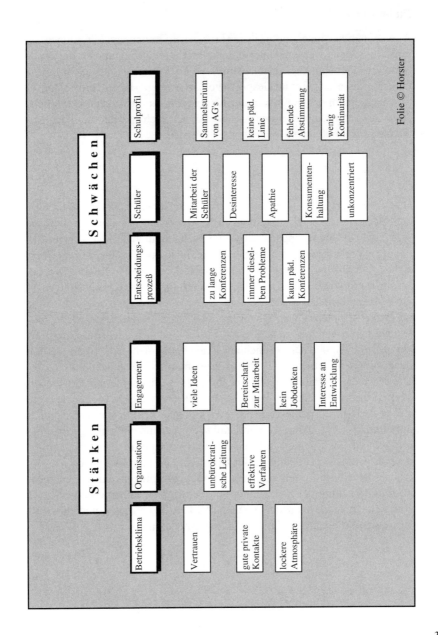

Zu beachten

Alle Teilnehmer/innen sollten in den Prozeß des Ordnens und Zusammenfassens einbezogen werden. Unterschiedliche Einschätzungen über die Zugehörigkeit einer Karte zu einem bestimmten Themenfeld sollten nicht stumm hingenommen, sondern im Gespräch geklärt werden. Haben Teilnehmer/innen nach einem ersten Ordnen der Karten den Eindruck, daß wesentliche Aspekte noch nicht berücksichtigt sind, können auch jetzt noch weitere Karten ausgefüllt und an die Wand geklebt werden.

Kommentar

Das Verfahren kann in Gruppen von etwa 10 Personen gut durchgeführt werden. Bei einer größeren Anzahl von Teilnehmer/inne/n empfiehlt sich eine Aufteilung in Untergruppen. Das Verfahren kann für vielfältige Themen ohne große Vorbereitung eingesetzt werden. Es liefert schnell eine gute Übersicht über die Einschätzung eines Problems durch eine bestimmte Gruppe. Durch das Ausfüllen von Karten ist sichergestellt, daß die Einschätzungen aller Teilnehmer/innen berücksichtigt werden. Der Vorgang des Ordnens ist ein erster Gesprächsanlaß zur Klärung des Themas in der Gruppe. Dabei sollte nicht vorschnell mit "richtig" oder "falsch" über den Inhalt einzelner Karten geurteilt werden. Die Teilnehmer/innen lassen sich Zeit, um die Vielfalt der geäußerten Beiträge zur Kenntnis zu nehmen und zu verstehen.
Die durch das Verfahren der Kartenabfrage gewonnenen Daten können zur Weiterarbeit in vielfältiger Hinsicht genutzt werden. Eine Möglichkeit besteht z.B. darin, ein gemeinsames Entwicklungsprojekt zu planen und durchzuführen, das sich darum bemüht, einige der genannten Schwächen zu beseitigen. Gerade in einem solchen Fall ist es ratsam, in der Kartenabfrage auch die Stärken der Schule erfaßt zu haben. Es ist psychologisch wichtig, daß die Bereitschaft, sich auf einen Entwicklungsprozeß einzulassen, nicht ausschließlich mit der Vorstellung von Schwächen einhergeht, die Schule soll sich zugleich auch der eigenen Stärken bewußt sein und diese als Ressource für die eigene Entwicklung nutzen können.

2.1.2 Selbstuntersuchung

Mit Hilfe der Selbstuntersuchung ist es möglich, eine eigene Erhebung und Gewichtung von Problemfeldern in einer Schule durchzuführen.

Die Selbstuntersuchung ist ein relativ einfach anzuwendendes Instrument, das, von einem "Grundmuster" ausgehend, gut modifiziert, also "maßgeschneidert" werden kann. Es bietet die Möglichkeit der schnellen Erfassung eines breiten Meinungsspektrums einer Schule. (Anders als die Kartenabfrage bezieht sich die Selbstuntersuchung auf vorweg vereinbarte Themenfelder; sie führt auf dieser Grundlage zu quantifizierbaren Ergebnissen.) Der Selbstuntersuchung als Instrument der Organisationsentwicklung liegen vier Prinzipien zugrunde.*

Prinzipien der Selbstuntersuchung *

1) Offenheit: Ziel und Arbeitsweisen müssen bekannt sein, um Manipulation zu vermeiden.

2) Maßarbeit: ein"maßgeschneidertes" Instrument liefert situationsbezogenere und konkretere Resultate als standardisierte Erhebungen.

3) Eigene Aktivität:sie ist eines der wirkungsvollsten Mittel, um die Beteiligten zu motivieren und sich mit dem Entwicklungsprozeß zu identifizieren.

4) Vorgehen in Phasen: hierdurch wird die Transparenz eines Entwicklungsprozesses für die Beteiligten vergrößert, die Beteiligten wissen immer, wo sie im Moment"stehen".

Folie © Horster

Gegenüber unsystematischen und eher zufälligen Versuchen, die pädagogische Debatte in einem Kollegium zu stimulieren, hat die Selbstuntersuchung eine Reihe von strategischen Vorteilen: Wie das Phasenmodell zeigt (siehe: "Phasen der Selbstuntersuchung"), bleibt hier die pädagogische Diskussion nicht folgenlos, sondern mündet in der Regel in eine konkrete Aktionsplanung. Zudem hat der Einstieg in eine Selbstuntersuchung von vornherein einen höheren Stellenwert als pädagogische Diskussionen auf Konferenzen: Die Selbstuntersuchung stellt innerschulisch ein Projekt dar; ihr kommt die symbolische Funktion einer Initiative des Wandels zu, womit höhere Erwartungen an das Projekt verbunden sind.

---

* Nach E. Philipp, OE-Verfahren: Selbstuntersuchung. In : Schulleitungsseminar - Grundkurs Organisationsentwicklung, Heft 2.1, Soest 1986, S.104 f.

2.1.3 Phasen der Selbstuntersuchung

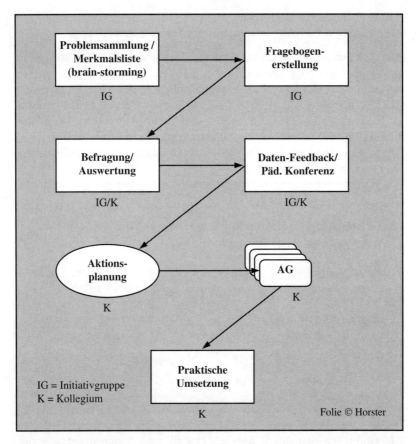

Die zentrale Phase einer Selbstuntersuchung stellt das Daten-Feedback dar: im Rahmen einer pädagogischen Konferenz werden den Mitgliedern des Kollegiums die Ergebnisse einer Befragung zurückgespiegelt, um auf dieser Grundlage eine gemeinsame Entscheidung über den angestrebten Entwicklungsprozeß als Planungsgrundlage zu fällen. Wichtig ist dabei die Einsicht, daß die vorgestellten Daten für sich genommen noch keine Auskunft darüber geben, in welcher Richtung sich der Entwicklungsprozeß realisieren wird: dies kann erst im Prozeß einer **gemeinsamen Bewertung der Daten durch die Mitglieder der Schule** geklärt und entschieden werden. Wichtig sind nicht die Daten für sich genommen, sondern **ihre Bedeutung, die sie in der**

Nach **E. Philipp, OE-Verfahren: Selbstuntersuchung.** In: Schulleitungsseminar - Grundkurs Organisationsentwicklung, Soest 1986

Einschätzung der Personen haben, die sich in ihrem Handeln auf sie beziehen wollen.

Dieser Sachverhalt stellt bestimmte Anforderungen an die pädagogische Konferenz:
- die Teilnehmer/innen benötigen genügend Zeit, um die Ergebnisse der Befragung sorgfältig bearbeiten zu können;
- es müssen Arbeits- und Sozialformen verabredet werden, die es ermöglichen, daß die Auffassungen **aller** zur Sprache kommen und die unterschiedlichen Standpunkte und Bewertungen ausgetauscht und auf Konsensmöglichkeiten hin befragt werden können.

(Wie diese Aufgabe von einem Kollegium - allerdings in der Arbeit mit einem anderen als dem hier vorgestellten Erhebungsinstrument - gelöst worden ist, zeigt die Fallstudie in Kapitel 6: Tagesordnung der pädagogischen Konferenz, S.190)

Um die Arbeit eines Kollegiums im Prozeß der Selbstuntersuchung organisatorisch vorzubereiten und zu koordinieren, ist es sinnvoll, eine Initiativgruppe zu bilden, der sowohl Mitglieder der Schulleitung als auch Vertreter unterschiedlicher Gruppen/Strömungen des Kollegiums angehören. (Näheres hierzu findet sich in Kap. 3, Einen schulinternen Entwicklungsprozeß initiieren.) Allerdings sollte die Gruppe nicht mehr als 7 bis 8 Personen umfassen, um arbeitsfähig zu bleiben.

Im Prozeß der Selbstuntersuchung (siehe Phasenschema S. 36) erstellt die Initiativgruppe auf der Grundlage einer Problemsammlung (Verfahrensvorschlag siehe S. 50) einen Erhebungsbogen für eine Befragung des Kollegiums (Verfahrensvorschlag siehe S. 39). Die von der Initiativgruppe vorgenommene quantitative und inhaltliche Auswertung (siehe Beispiel S. 45) wird in einer pädagogischen Konferenz vorgestellt (Daten-feedback). Auf dieser Grundlage vereinbart das Kollegium Zielvorgaben (Verfahrensvorschlag siehe S. 53) für ein innerschulisches Entwicklungsvorhaben und betraut die Initiativgruppe mit der Aufgabe, diese in einer detaillierten Aktionsplanung (Verfahrensvorschlag siehe S. 57) zu konkretisieren. Eine solche Aktionsplanung erfaßt die wichtigsten inhaltlichen Schritte, die zeitlichen Vorgaben und die den Entwicklungsprozeß tragenden Personen/gruppen. Das Kollegium (oder eine Teilgruppe desselben) kann dann die Aktionsplanung in Arbeitsgemeinschaften inhaltlich ausarbeiten und schließlich praktisch umsetzen. (Diese hier in sehr geraffter Form vorgestellten Schritte im Prozeß einer Selbstuntersuchung werden in den folgenden Kapiteln ausführlich erläutert. Die Hinweise auf Verfahrensvorschläge sollen es ermöglichen, schon an dieser Stelle Querverbindungen nach eigenem Interesse herzustellen.)

Arbeitsmaterial: Selbstuntersuchung

Copyright: NPI/NL-Zeist
Überarbeitung: E.Philipp/Dortmund

Formular Nr.:..................

Selbstuntersuchung

Auf der folgenden Seite finden Sie eine Liste mit einigen Aspekten von Schule und Unterricht, die möglicherweise auch in Ihrem Schulalltag zu Problemen führen.

Zum Vorgehen

1) Lesen Sie die Liste durch und **kreuzen Sie die Aspekte** an, die Ihnen in Ihrer konkreten Arbeitssituation Probleme verursachen oder die Sie als unbefriedigend gelöst betrachten. Vielleicht haben Sie Probleme in Bereichen, die nicht auf der Liste enthalten sind. Ergänzen Sie dann bitte die Liste.

2) **Wählen Sie** aus den angekreuzten Aspekten **die drei wichtigsten aus**, d.h. Probleme, die unbedingt gelöst werden müßten.

Tragen Sie bitte die Nummern der gewählten Aspekte in die untenstehenden Felder ein.

3) **Ordnen Sie** nun die drei gewählten Aspekte **nach deren Wichtigkeit**, nach der Schwere der Probleme, nach der Dringlichkeit ihrer Bearbeitung. Dies geschieht in der Art, daß Sie - wie im nachfolgenden Beispiel gezeigt - auf der Linie ganz links die Nummer des für Sie wichtigsten Aspektes notieren und weiter nach rechts diejenigen, die Ihnen als weniger wichtig erscheinen.

Beispiel: Jemand findet Aspekt Nr.2 am wichtigsten, Aspekt Nr. 9 nicht ganz so wichtig und Aspekt Nr. 1 - im Vergleich - am wenigsten wichtig.

relativ zu den anderen Aspekten am dringlichsten zu lösen	2 9 1	relativ zu den anderen Aspekten am wenigsten wichtig, kann ggf. noch etwas warten

4) Geben Sie also bitte auf der untenstehenden Linie an, in **welcher Reihenfolge** Sie die von Ihnen gewählten Aspekte sehen.

relativ zu den anderen Aspekten am dringlichsten zu lösen	├─────────────┤	relativ zu den anderen Aspekten am wenigsten wichtig, kann ggf. noch etwas warten

Arbeitsmaterial: Selbstuntersuchung

Aspekte der Selbstuntersuchung

1 *Kommunikations-, Beziehungs- und informelle Machtstrukturen im Kollegium*

2 *Arbeit in den Fachkonferenzen*

3 *Selbstverständnis als Lehrer/in - Verhältnis Lehrer/innen - Schüler/innen*

4 *Umgang mit Konflikten*

5 *Erziehungsstile - Menschenbild*

6 *Lernmotivation / Förderung der Kreativität bei Schüler/innen*

7 *Verhältnis Schulleiter - Kollegium*

8 *Funktionsverteilung und deren Akzeptanz*

9 *Einhaltung von Dienstpflichten und Vereinbarungen des Kollegiums*

10 *Schulprofil, Projektorientierung, Öffnung von Schule* (*)

11 _____

12 _____

13 _____

14 _____

15 _____

(Ergänzen Sie - falls aus Ihrer Sicht notwendig - die Liste: Positionen 11-15)

Geben Sie bitte auf den folgenden drei Seiten genauer für jeden von Ihnen gewählten Aspekt an, wie Sie die **gegenwärtige Situation** einschätzen, **welche Veränderung** angestrebt werden soll und wie sie den **Weg der Erneuerung** sehen.

(*) Die hier vorgestellten Aspekte sind von der Initiativgruppe des Börne-Gymnasiums für eine Selbstuntersuchung **an dieser Schule** zusammengestellt worden. Sie können daher nicht einfach von anderen Schulen übernommen werden!

Arbeitsmaterial: Selbstuntersuchung

Gehört zu Antwortformular Nr.........**32**.....
Nähere Beschreibung zu Aspekt Nr....**1**.....

a. Bitte beschreiben Sie, wie Sie den **Ist-Zustand** sehen:

Initiativen werden nur verwirklicht, wenn sie integriert sind in Gruppeninteressen. (*)

b. Bitte geben Sie an, wie es nach Ihrer Vorstellung sein sollte; **Soll-Zustand**:

Aufbrechen verkrusteter Strukturen und "geschlossener" Gruppen. (*)

a. Bitte stellen Sie kurz dar, wie nach Ihrer Meinung die von Ihnen angestrebten Veränderungen durchgeführt werden sollten; **Weg der Erneuerung**:

Gemeinsames Schulprofil finden und sachbezogenes Engagement auf mehrere Schultern verteilen. (*)

(*) Das Statement zeigt, wie **ein** Kollegiumsmitglied des Börne-Gymnasiums den Erhebungsbogen ausgefüllt hat.

Arbeitsmaterial: Selbstuntersuchung

Gehört zu Antwortformular Nr.........**32**.....
Nähere Beschreibung zu Aspekt Nr....**6**.....

a. Bitte beschreiben Sie, wie Sie den **Ist-Zustand** sehen:

Unsere Lerninhalte sind zu abstrakt oder werden so dargestellt (*)

b. Bitte geben Sie an, wie es nach Ihrer Vorstellung sein sollte; **Soll-Zustand**:

Orientierung an den Bedürfnissen der Schüler, die Schule sollte mehr <u>Spielräume</u> haben. (*)

a. Bitte stellen Sie kurz dar, wie nach Ihrer Meinung die von Ihnen angestrebten Veränderungen durchgeführt werden sollten; **Weg der Erneuerung**:

Reduzierung des Lehrplans auf wesentliche Inhalte, mehr Kreativität durch Projektorientierung (*)

(*) Das Statement zeigt, wie **ein** Kollegiumsmitglied des Börne-Gymnasiums den Erhebungsbogen ausgefüllt hat.

Arbeitsmaterial: Selbstuntersuchung

Gehört zu Antwortformular Nr.........32.....
Nähere Beschreibung zu Aspekt Nr....4.....

a. Bitte beschreiben Sie, wie Sie den **Ist-Zustand** sehen:

Fehlende Einheitlichkeit im Kollegium bei vergleichbaren Konflikten mit Schülern (*)

b. Bitte geben Sie an, wie es nach Ihrer Vorstellung sein sollte; **Soll-Zustand**:

Klarere Definition von Schülerrechten und -pflichten, einheitliche Handhabung von Maßnahmen. (*)

a. Bitte stellen Sie kurz dar, wie nach Ihrer Meinung die von Ihnen angestrebten Veränderungen durchgeführt werden sollten; **Weg der Erneuerung**:

Klassenlehrer-Prinzip der Erprobungsstufe auch in höheren Jahrgängen (*)

(*) Das Statement zeigt, wie **ein** Kollegiumsmitglied des Börne-Gymnasiums den Erhebungsbogen ausgefüllt hat.

Arbeitsmaterial: Auswertungsmatrix zur Selbstuntersuchung

* Bitte die Wertigkeit eintragen, mit der ein Aspekt gewählt worden ist:
3 = sehr wichtig, 2 = nicht ganz so wichtig, 1 = am wenigsten wichtig

Aspekt

	1	2	3	4	5	6	7	8	9	10	11	12	13	14	15
Nr. *															
Nr.															
Nr.															
Nr.															
Nr.															
Nr.															
Nr.															
Nr.															
Nr.															
Nr.															
Nr.															
Nr.															
Nr.															
Nr.															
Nr.															
Nr.															
Nr.															
Nr.															
Nr.															
Nr.															
Summe															

Zum Vorgehen

Für die Durchführung einer Selbstuntersuchung wird zunächst von einer Initiativgruppe des Kollegiums ein Fragebogen erstellt, in dem die für die Untersuchung relevanten thematischen Aspekte zusammengetragen werden. Hierzu kann sich die Initiativgruppe des Brainstorming-Verfahrens bedienen (siehe Kartenabfrage S.32). Insgesamt sollten nicht mehr als 10 Aspekte vorgegeben werden, die im Fragebogen (siehe:"Arbeitsmaterial Selbstuntersuchung, Aspekte der Selbstuntersuchung" S. 39) ausgedruckt werden. (Die Vorgabe von 10 Aspekten sichert eine gewisse inhaltliche Bandbreite der Erhebung, ohne durch eine zu große Anzahl der Gesichtspunkte das Untersuchungsergebnis so zu zersplittern, daß keine tragfähige Schwerpunktbildung bei der Herausarbeitung eines für das gesamte Kollegium relevanten Entwicklungsvorhabens mehr möglich ist.) Jedes Kollegiumsmitglied, das den Fragebogen ausfüllt, hat überdies die Möglichkeit, maximal fünf weitere Aspekte nach seiner persönlichen Einschätzung einzutragen.

Um einen hohen Rücklauf zu sichern, wird der Fragebogen sinnvollerweise im Rahmen einer Dienstbesprechung oder Konferenz vom Kollegium ausgefüllt und anschließend eingesammelt.

Die Auswertung der Selbstuntersuchung kann durch die Initiativgruppe, die den Fragebogen inhaltlich zusammengestellt hat, durchgeführt werden. Die Auswertung umfaßt einen **quantitativen** und einen **qualitativen** Anteil.

Für die **quantitative** Auswertung bildet die "Auswertungsmatrix zur Selbstuntersuchung" (Siehe S. 43) das entsprechende Hilfsmittel: sie liefert eine gewichtete Rangfolge der von den Kollegiumsmitgliedern für wichtig erachteten Aspekte.

In der **qualitativen** Auswertung wird erfaßt, wie die Kollegiumsmitglieder den Ist-Zustand, den Soll-Zustand sowie den Weg der Erneuerung hinsichtlich des jeweiligen thematischen Aspektes sehen. Dies bildet eine wichtige Planungsgrundlage für den im Rahmen der Selbstuntersuchung durchzuführenden Entwicklungsprozeß. Für die formale Darstellung der qualitativen Auswertung gibt es keine Vorschriften: hier kann nach eigenen Zweckmäßigkeitserwägungen verfahren werden. Vielleicht empfiehlt es sich, eine **Kurzfassung** für die schnelle Orientierung und eine **Langfassung** für eine detaillierte Dokumentation als Planungsunterlage zu erarbeiten (siehe Beispiel S. 45).

Die auf diese Weise erstellte Auswertung der Selbstuntersuchung bildet die zentrale Arbeitsunterlage für das Kollegium: in einer Pädagogischen Konferenz (siehe "Phasen der Selbstuntersuchung", S. 36) kann auf dieser Grundlage die Formulierung von Entwicklungszielen (siehe "Aufgabenfeld 2", S. 50) vorgenommen werden, die wiederum in eine Aktionsplanung (siehe "Aufgabenfeld 3", S. 57) einmündet.

Beispiel: Auswertung der Selbstuntersuchung im Börne-Gymnasium

Quantitative Auswertung

Problemfeld*   **Anteil in %**

1) Kommunikations-, Beziehungs- und informelle Machtstrukturen im Kollegium   13,1
2) Arbeit in Fachkonferenzen   4,4
3) Selbstverständnis als Lehrer/in, Verhältnis Lehrer/innen-Schüler/innen   13,4
4) Umgehen mit Konflikten   7,9
5) Erziehungsziele / Menschenbild   5,6
6) Lernmotivation / Förderung der Kreativität bei Schüler/innen   16,8
7) Verhältnis Schulleiter - Kollegium   12,5
8) Funktionsverteilung und ihre Akzeptanz im Kollegium   4,9
9) Einhaltung von Dienstpflichten sowie von Vereinbarungen des Kollegiums   7,2
10) Schulprofil, außerunterrichtliche Aktivitäten, Öffnung von Schule, Projektorientierung   9.9

(* Die Problemfelder sind von einer Initiativgruppe der Schule für die Erhebung zusammengestellt worden)

Qualitative Auswertung (Kurzfassung)

Ist-Zustand

Zu 1 und 2:
- Mangelnde Kommunikation und unbefriedigende Atmosphäre im Kollegium,
- kaum Diskussionen über pädagogische und fachübergreifende Themen,

- kaum ehrliche und offene Diskussionen im Kollegium,
- viele Probleme bleiben unausgesprochen und ungelöst,
- verfestigte Beziehungsstrukturen und Gruppenbildung, Ausgrenzung von einzelnen Personen,
- Fachkonferenzen sind wenig innovativ, eher lästige Veranstaltungen ohne inhaltlichen Belang,
- Gedankenaustausch findet in Fachkonferenzen in vielen Fällen nicht statt.

Zu 3 und 4:
- Frustration, Resignation bei einer Anzahl von Kollegiumsmitgliedern,
- Mangelndes Engagement, Zunahme von Alltagsroutine,
- Abkapselung der Lehrer/innen untereinander, Distanz zu Eltern und Schüler/innen,
- keine gegenseitige Unterstützung der Lehrer/innen in Konfliktfällen, Ausweichen gegenüber Konflikten schon im Vorfeld.

Zu 5 und 6:
- wenig Nachdenken über Erziehungsziele, Vorherrschen von Fachunterricht und Wissensvermittlung,
- wenig Lernmotivation bei den Schüler/inne/n (Ausnahme:Klasse 5 u.6)
- die Zahl der resignierenden u. verweigernden Schüler/innen nimmt zu,
- Kreativitätsförderung spielt außerhalb der musischen Fächer kaum eine Rolle,
- stoffliche Überfrachtung des Unterrichts durch "Hauscurriculum",
- keine Fortbildung zum Thema "Motivation und Kreativität" bei Lehrer/inne/n.

Zu 7 und 8:
- Formalismus und mangelnde Transparenz im Handeln des Schulleiters,
- z.T. autoritäre Entscheidungen,
- hektisches und ungeduldiges Verhalten gegenüber Kolleg/inn/en,
- Konferenzführung wird kritisch beurteilt,
- Funktionsverteilung erscheint als festgeschrieben, wenig Transparenz bei der Neuverteilung von Aufgaben.

Zu 9 und 10:
- Vereinbarungen, Beschlüsse und Spielregeln werden ignoriert,
- Dienstpflichten (z.B.Aufsichten) werden wenig verläßlich wahrgenommen,

- fehlende Kooperation bei Disziplinproblemen in einer Klasse,
- das Profil der Schule ist wenig ausgeprägt, es gibt zu wenig individuelle Gestaltungsmöglichkeiten,
- es sind mehr außerschulische Veranstaltungen notwendig, die Einblicke in Berufs- und Lebenspraxis ermöglichen,
- Eltern sollten mehr in die Arbeit der Schule einbezogen werden,
- Projekte finden nur sporadisch als Einzelinitiative statt.

Soll-Zustand

Mehr Transparenz und Offenheit zwischen Schulleitung und Kollegium und innerhalb des Kollegiums.

Mut und Engagement bei Einzelpersonen stärken und wecken: sowohl bei den Kollegiumsmitgliedern als auch im Verhältnis zwischen Lehrer/inne/n und Schüler/inne/n. Hierzu müssen entsprechende Freiräume geschaffen werden.

Einzelkämpfertum durch Kooperation und Solidarität ersetzen, hierdurch sollen pädagogische und fachliche Kompetenz gehoben und Motivation und Engagement gesteigert werden. Aber auch im Verhältnis Lehrer/innen - Schüler/innen sollten Solidarität und Kooperation verstärkt werden.

Konsequenz und Selbstdisziplin bei der Einhaltung von kollektiven Vereinbarungen und Dienstpflichten - Vorbildfunktion, Solidarität.

Motivation durch Kreativität, gilt gleichermaßen für Lehrer/innen und Schüler/innen.

Wege der Erneuerung

- Häufigere und besser vorbereitete Fach- und Klassenkonferenzen,
- im Rahmen der Fachkonferenzen verbesserte und institutionalisierte gegenseitige didaktisch-methodische Kooperation (evtl. mit Hospitationen),
- fächerübergreifendes Teamwork im Normal- und Projektunterricht; vermehrter Projektunterricht,
- verstärkte Öffnung der Schule nach außen,
- Fort- und Weiterbildung sowohl extern als auch schulintern.

Kommentar

Im Vergleich zur Kartenabfrage ist die Selbstuntersuchung ein Instrument der Datenerhebung, das auch in größeren Kollegien eingesetzt werden kann. Die Kartenabfrage hat den Vorteil, relativ einfach und ohne große Vorarbeiten Daten zu liefern; da dies aber ohne inhaltliche Vorstrukturierung geschieht, ist nicht auszuschließen, daß das Ergebnis "blinde Flecken" aufweist: wenn beispielsweise in einem Kollegium die unausgesprochene Übereinkunft besteht, ein bestimmtes Problemfeld nicht zu thematisieren, wird es auch bei der Kartenabfrage mit einiger Wahrscheinlichkeit nicht zur Sprache gebracht. Diese Unschärfe kann durch die Selbstuntersuchung eher vermieden werden, da ja durch einen zuvor zusammengestellten Katalog von Aspekten die für die Untersuchung relevanten Bereiche festgelegt werden.

Die Sammlung von Daten innerhalb eines Kollegiums stellt in der Regel ein heikles Vorhaben dar. Vermutete Mißbrauchsmöglichkeiten wecken leicht Mißtrauen. Andererseits sind strukturierte Daten eine nahezu unerläßliche Voraussetzung für einen geplanten Entwicklungsprozeß. Deswegen ist mit großer Sorgfalt die Akzeptanz der Datenerhebung im Kollegium zu sichern.

Was sind in diesem Zusammenhang die neuralgischen Punkte?

Wenn sich eine Initiativgruppe bildet (siehe auch Kap. 3: Einen schulinternen Entwicklungsprozeß initiieren), die einen Fragenkatalog erstellt, kann leicht der Verdacht entstehen, dies geschehe aus einem für Außenstehende nicht unbedingt durchschaubaren Partikularinteresse: soll das Kollegium etwa zusätzlichen Kontrollen unterworfen werden? Wie kommen überhaupt einzelne Kollegiumsmitglieder dazu, den anderen Fragen zu stellen, die diese beantworten sollen? Soll hier ein hierarchisches Gefälle aufgebaut werden? Wenn Fragen dieser Art erst einmal entstanden sind, ist das Instrument der Selbstuntersuchung als Grundlage eines von allen getragenen Entwicklungsprozesses schon von Anfang an wirkungslos.

Um dies zu vermeiden, sollten Vorkehrungen in dreierlei Hinsicht getroffen werden, nämlich im Hinblick darauf,
1. wie sich die Initiativgruppe zusammensetzt,
2. wie der Fragenkatalog zusammengestellt wird,
3. wie die Auswertung vorgenommen wird.

Zu 1: Wenn in einem Kollegium unterschiedliche Gruppierungen existieren, ganz gleich nach welchen Prinzipien sich die einzelnen Gruppen gebildet haben, sollte dafür gesorgt werden, daß die Initiativgruppe nicht nur aus Angehörigen einer "Fraktion" besteht. Ähnlich problematisch wäre eine Zusammensetzung der Initiativgruppe nur aus Mitgliedern der Schulleitung oder des Lehrerrates. Je breiter die Verankerung der Initiativgruppe in den unterschiedlichen Strömungen des Kollegiums ist, desto eher kann sie von allen akzeptiert werden.

Zu 2: Auch wenn eine Initiativgruppe auf optimale Weise zusammengesetzt ist, führt sie in der Wahrnehmung des Kollegiums ein Eigenleben: ihre Motive und Aktivitäten sind für die übrigen Kollegiumsmitglieder nicht ohne weiteres durchschaubar. Dies sollte bei der Zusammenstellung des Fragenkatalogs berücksichtigt werden. Die Initiativgruppe sollte, bevor die Selbstuntersuchung durchgeführt wird, ihren Fragenkatalog nur als ersten Entwurf verstehen, der im Kollegium erläutert und zur Diskussion gestellt wird; das Kollegium sollte die Möglichkeit haben, Ergänzungen und Abänderungen vorzunehmen, so daß es sich vollständig mit dem Fragenkatalog identifizieren kann und nicht den Verdacht haben muß, undurchschaubaren Kontrollinteressen ausgeliefert zu sein. (Prinzip der Offenheit) Erst dann sollte der Fragenkatalog Bestandteil der Selbstuntersuchung werden.

Zu 3: Die Tatsache, daß die Initiativgruppe eine Auswertung der Selbstuntersuchung in quantitativer und qualitativer Hinsicht vornimmt, darf **nicht** zu der Einschätzung führen, als hätte die Initiativgruppe darüber **zu entscheiden**, welche Konsequenzen aus der Selbstuntersuchung abzuleiten seien. Die Initiativgruppe hat lediglich die Daten so aufzubereiten, daß sie für das Kollegium überschaubar werden. Dabei hat sich die Initiativgruppe, soweit das möglich ist, jeder eigenen Interpretation zu enthalten. Die Verknüpfung der Daten, ihre Interpretation im Hinblick auf den Zustand der Schule und den anzustrebenden Entwicklungsprozeß, schließlich die Ableitung von denkbaren Entwicklungszielen sind Aufgaben, die **das Kollegium insgesamt** zu leisten hat; der Ort hierfür ist eine zu diesem Zweck angesetzte pädagogische Konferenz (siehe "Phasen der Selbstuntersuchung", S. 36). Die Initiativgruppe hat lediglich Vorarbeiten zu leisten, die diesen Prozeß möglichst ökonomisch in Gang kommen lassen.

2.2 Vereinbaren von Entwicklungszielen

Die Vereinbarung von Entwicklungszielen stellt im Rahmen eines schulinternen Entwicklungsprozesses einen wichtigen und zugleich schwierigen Schritt dar. Vereinbarungen dieser Art können auf unterschiedliche Weise getroffen werden. Der übliche Weg ist der der Mehrheitsbildung durch Abstimmung. Ein möglicher Nachteil dieses Verfahrens besteht darin, daß die in der Abstimmung unterlegene Gruppe nicht immer bereit ist, sich für die von der Mehrheit vertretenen Ziele aktiv einzusetzen. Damit geht möglicherweise wichtiges Potential für das Entwicklungsvorhaben verloren, wenn es nicht sogar zu einer aktiven Gegnerschaft der unterlegenen Gruppe zu dem mehrheitlich beschlossenen Projekt kommt.

Eine Alternative zur Zielvereinbarung über Mehrheitsbildung stellt eine **konsensorientierte Vorgehensweise** dar, die sich in folgenden drei Schritten vollzieht:
1. Daten gewichten,
2. eine Problemformulierung verfassen,
3. Prioritäten setzen.

Zum Vorgehen

1.Schritt: Daten gewichten

Für die Gewichtung von Daten, ob sie nun durch eine Kartenabfrage, durch den Fragebogen im Rahmen einer Selbstuntersuchung oder auf irgendeine andere Weise gewonnen worden sind, kann das Instrument **"Merkmale-Profil"** eingesetzt werden.
Die Arbeit am Merkmale-Profil beginnt damit, daß jedes Gruppenmitglied aus einer gegebenen Datenmenge, die die Problemlage einer Schule beschreibt, drei Probleme auswählt, die nach seiner persönlichen Einschätzung zum Gegenstand eines schulinternen Entwicklungsprozesses gemacht werden sollten. In einem Diskussions- und Konsensbildungsprozeß, der durch das Arbeitsmaterial "Merkmale-Profil" gesteuert wird, werden die Gewichtungen, die jedes Gruppenmitglied zunächst individuell vorgenommen hat, zu denen der anderen in Beziehung gesetzt, bis eine von der Gruppe gemeinsam getragene Gewichtung vorliegt.
Das Verfahren ist für den Einsatz in Gruppen von bis zu 10 Personen geeignet. Bei größeren Gruppen ist daher dieser Prozeß der Konsensbildung arbeitsteilig in Teilgruppen durchzuführen: die Ergebnisse von Teilgruppen müssen miteinander verglichen, diskutiert und auf mögliche Gemeinsamkeiten (und Unvereinbarkeiten) befragt werden.

2.2.1 Merkmale-Profil *

a) Jede/r Teilnehmer/in wählt aus einer gegebenen Datenmenge drei Probleme aus, die sie/er für zentral hält. Jedes dieser Probleme wird auf einer Karte notiert.

b) Vielleicht stehen die Aussagen mancher Karten einander inhaltlich nahe. Durch Diskussion in der Gruppe sollten die Karten in einem ersten Schritt nach inhaltlicher Nähe geordnet bzw. gruppiert werden.

c) Man kann auch übereinkommen, einzelne Karten, über die kein Konsens besteht, nicht weiter zu benutzen, also auszusortieren.

d) Dann sollte versucht werden, daraus ein "Merkmale-Bild" bzw. "Merkmale-Profil" zu gestalten, etwa so:

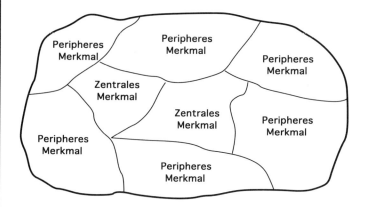

e) Schließlich sollte das gemeinsam entwickelte Merkmale-Profil für die gegenseitige Vorstellung im Plenum auf ein großes Blatt geklebt werden. Graphische Ausschmückungen sind willkommen.

f) Auf der Grundlage des Merkmale-Profils verfaßt die Gruppe eine gemeinsame Problemformulierung (Siehe Arbeitsblatt).

* L. Horster nach Per Dalin

Zweiter Schritt: eine Problemformulierung verfassen

Die Arbeit am Merkmale-Profil hat die Daten (der Kartenabfrage oder des Fragebogens aus der Selbstuntersuchung) nach peripheren und zentralen Problemen/Merkmalen gewichtet. Hieraus läßt sich aber noch nicht unbedingt ein Entwicklungsziel ableiten. Es ist ja noch völlig ungeklärt, in welchem Wirkungsverhältnis die zentralen und peripheren Probleme (nach Ansicht des Kollegiums) zueinander stehen: Gibt es Beziehungen von Ursache und Folge? Sind die Zusammenhänge eher als ein Gefüge der Interdependenz zu sehen? Vielleicht sind die verschiedenen Problemgruppen aber auch ohne inneren Zusammenhang? Diese Fragen können nicht aus den Daten unmittelbar beantwortet werden, sondern die Personen, die sich in ihrem Handeln auf diese Daten beziehen wollen, müssen sich in einem **Prozeß der kommunikativen Validierung** über die Bedeutung verständigen, die sie den Daten zumessen wollen.

Beispiel: Die Arbeit am Merkmale-Profil hat als zentrales Problem eine wenig innovative unterrichtliche Praxis ergeben, an peripheren Problemen werden genannt: der autoritäre Führungsstil des Schulleiters, die uneffektive Arbeit in den Fachkonferenzen, der mangelnde Kontakt zu den Schüler/innen. Welche Bedeutung diese Daten haben, kann ihnen aber nicht unmittelbar entnommen werden, sondern das Kollegium muß gemeinsam darüber nachdenken, ob und welche Beziehungen es zwischen diesen Daten sieht. **Es muß den Versuch unternehmen, die Daten miteinander zu vernetzen:** Kann es etwa sein, daß der autoritäre Führungsstil des Schulleiters es verhindert, durch eine pädagogisch fruchtbare Arbeit in den Fachkonferenzen Grundlagen für eine innovative Unterrichtspraxis zu schaffen?

Daß bei diesem Versuch der Vernetzung die Ansichten aller beteiligten Personen nicht unbedingt übereinstimmen müssen, sondern daß es verschiedene Sichten auf die Situation der Schule gibt, dürfte einleuchten: hier ist in einem geduldigen Austausch zu klären, wo es Gemeinsamkeiten gibt. Dieser Austausch, der schließlich zu einer gemeinsamen **Problemformulierung** führen soll, kann sich an folgenden Teilfragen orientieren:
1. Um welche Art von Problem handelt es sich?
2. Wer ist von dem Problem hauptsächlich betroffen?
3. Wer / was verursacht das Problem vornehmlich?
4. Welches Ziel sollte eine schulinterne Entwicklung (zunächst) anstreben?

In der Regel wird (je nach Kollegiumsgröße) die Diskussion dieser Fragen in Teilgruppen durchgeführt, die nicht mehr als 10 Personen umfassen sollten. Um die Gruppenergebnisse für eine vergleichende Auswertung leichter überschaubar zu machen, kann das Formular **"Problemformulierung"** benutzt werden.

2.2.2 Problemformulierung *

1. Um welche Art von Problem handelt es sich?
2. Wer ist von dem Problem hauptsächlich betroffen?
3. Wer/was verursacht das Problem vornehmlich?

4. Welches Ziel soll eine schulinterne Entwicklung (zunächst) anstreben?

Zu 1: ....
....
....

Zu 2: ....
....
....
....

Zu 3: ....
....
....
....

Zu 4: ....
....
....
....

* L. Horster nach Per Dalin

3. Schritt: Prioritäten setzen

Haben in einem Kollegium mehrere Teilgruppen je für sich eine Problemformulierung im Sinne der vorangegangenen Vorschläge erarbeitet, stellt sich die Aufgabe, nach Übereinstimmungen zu suchen bzw. Prioritäten im Sinne eines ersten Entwicklungsvorhabens zu setzen. Dabei sollte versucht werden, auch bei unterschiedlichen Teilergebnissen soviel Übereinstimmung wie möglich herzustellen, um die jeweiligen Verfasser in das letztlich zu vereinbarende Entwicklungsvorhaben zu involvieren. Als einfaches Verfahren zur Prioritätensetzung ist das sog. "Punkten" geeignet. Hierzu werden die Problemformulierungen der einzelnen Teilgruppen jeweils auf etwa DIN-A3-großen Papierbögen ausgehängt. Jedes Kollegiumsmitglied kann (durch Ankreuzen mit einem Filzstift) maximal 3 Punkte vergeben, wobei es freigestellt ist, die drei Punkte auf einen Vorschlag zu konzentrieren oder auf mehrere zu verteilen. Am Ende dieser Prozedur stellt sich eine - auch optisch leicht feststellbare - Rangfolge zwischen den Ergebnissen der verschiedenen Teilgruppen heraus. In einer anschließenden Diskussion, die auf keinen Fall ausgelassen werden sollte, kann geklärt werden, ob es inhaltliche Beziehungen zwischen verschiedenen, in der Rangfolge relativ nahe beieinanderliegenden Gruppenergebnissen gibt: vielleicht können **verschiedene Ergebnisse als Teilaspekte eines übergeordneten Problems** verstanden und in einem gemeinsamen Zugriff bearbeitet werden. Vielleicht kann aber auch die Rangfolge in der Prioritätensetzung als eine **zeitliche Reihenfolge in der Bearbeitung verschiedener Entwicklungsvorhaben** gedeutet werden.

Ist auf diese Weise im Kollegium eine weitgehende Übereinstimmung hinsichtlich des zu bearbeitenden Entwicklungsvorhabens hergestellt worden, kann eine Initiativgruppe, die nach Möglichkeit die unterschiedlichen Strömungen des Kollegiums repräsentiert und in der auch die Schulleitung vertreten sein sollte, mit der Planung und Koordinierung des Projektes beauftragt werden.

Kommentar

Zum Merkmale-Profil

Der Einsatz des Arbeitsmaterials "Merkmale-Profil" soll sicherstellen, daß die Auffassung eines jeden Gruppenmitgliedes Eingang in die Überlegungen findet. Diskussionsverläufe herkömmlicher Art kranken oftmals daran, daß sich nur eine vergleichsweise geringe Zahl von Teilnehmer/inne/n beteiligt und daß sich der Meinungsbildungsprozeß in der Regel auf der Basis lediglich der von den opinion-leaders geäußerten Auffassungen vollzieht. Hierdurch können u.U. wichtige Aspekte nicht zur Sprache kommen, auch entsteht möglicherweise der Eindruck von weitgehender Übereinstimmung, der in Wirklichkeit nur auf die Nichtäußerung abweichender Auffassungen zurückzuführen ist. Dadurch, daß in der Arbeit am Merkmale-Profil jedes Gruppenmitglied zunächst in Stillarbeit für sich die Aspekte auswählt, die nach seiner Auffassung relevant sind, kann sich das gesamte, tatsächlich vorhandene Meinungsspektrum entfalten und zur Grundlage der weiteren Arbeit werden. Hierdurch kann auf den ersten Blick die Ausgangslage komplexer erscheinen als bei den üblichen Diskussionen; zu bedenken ist aber, daß es sich dabei um die tatsächlich vorhandene Komplexität und Meinungsvielfalt handelt, die bei herkömmlichen Diskussionen lediglich überdeckt wird oder unausgesprochen bleibt und darum auch nicht einer gemeinsamen Bearbeitung zugänglich gemacht werden kann. Diese fehlende Bearbeitung ist dann oft der Grund dafür, daß sich im Anschluß an derartige Diskussionen wenig an der Praxis der beteiligten Personen ändert: sie fühlen sich von den eher nur formal gefaßten Beschlüssen nicht wirklich betroffen.

Das Merkmale-Profil kann übrigens nicht nur dazu eingesetzt werden, um Datenmengen zu gewichten, die aus einer eigens veranstalteten Erhebung stammen. Neben derartigen **"expliziten" Daten** existieren in jedem Kollegium auch **"implizite" Daten**: damit sind **Vorstellungen zu bestimmten Fragen gemeint, die unausgesprochen in den Köpfen aller Kollegiumsmitglieder existieren** und das alltägliche Handeln bestimmen. Wenn man z.B. Kollegiumsmitglieder fragen würde, was sie für die Aufrechterhaltung der Disziplin in der Schule für unbedingt erforderlich halten, würde eine Vielzahl von unterschiedlichen Ideen und Vorstellungen zur Sprache kommen. Man kann sich also vorstellen, daß ein Kollegium die Frage, wie die Disziplin in der Schule verbessert werden kann, mit dem Instrument des Merkmale-Profils einem Konsens zuführt, indem, ohne eine vorausgehende ausdrückliche Datenerhebung, zunächst jedes Kollegiumsmitglied die drei Normen/Verhaltensregeln/Maßnahmen aufschreibt, die es persönlich als die wichtigsten ansieht; auf dieser Grundlage kann dann im Sinne des Merkmale-Profils (siehe S. 51) weitergearbeitet werden.

Zur Problemformulierung und Prioritätensetzung

Auch wenn bei der Problemformulierung in einem Kollegium weitgehend Übereinstimmung erzielt worden ist, läßt sich nicht logisch stringent ein entsprechendes Entwicklungsziel deduzieren, auf das gleiche Problem kann möglicherweise mit unterschiedlichen Maßnahmen zu seiner Behebung reagiert werden. Für eine überzeugende Prioritätensetzung kommt es daher darauf an, Kriterien zu finden, die die Entscheidung des Kollegiums aus dem Bereich bloßer Zufälligkeit herausbringen kann.

Hierfür sind zwei Überlegungen geeignet:

1. Betrifft das Entwicklungsvorhaben einen Bereich, der für die betreffende Schule wirklich von Belang ist, so daß sich eine Entwicklungsarbeit, die die Mitwirkung vieler Kollegiumsmitglieder beansprucht, wirklich lohnt?

2. Ist das angestrebte Entwicklungsvorhaben von der Art, daß in einem überschaubaren Zeitraum positive Ergebnisse zu erwarten sind?

Das zweite Kriterium ist deswegen von besonderer Bedeutung, weil ein schulinternes Entwicklungsvorhaben, das nach Prinzipien der Organisationsentwicklung durchgeführt werden soll, in aller Regel vergleichsweise zeitaufwendig ist und neue Anforderungen an die beteiligten Personen stellt. Soll daher die Praxis schulischer Selbstentwicklung auf neue Grundlagen gestellt werden, muß das Kollegium Vertrauen in seine Fähigkeit gewinnen, mit den neuen Verfahrensweisen umgehen zu können: hierzu sind Erfolgserlebnisse eine wichtige Voraussetzung.

Leider ist es aber nicht immer einfach, bei der Auswahl eines Entwicklungsvorhabens beiden Kriterien gleichzeitig zu entsprechen: nicht immer kann bei einem Thema, das für eine Schule wirklich von Belang ist, auch mit vergleichsweise kurzfristig zu erzielenden Erfolgen gerechnet werden. Dieses Dilemma kann nicht einfach wegdiskutiert werden, es ist aber wichtig, sich dessen bewußt zu sein, weil dadurch die Ansprüche an das eigene Vorhaben realistischer werden.

2.3 Planen des Entwicklungsprozesses

Prozeßplanung

Haben sich die Mitglieder eines Kollegiums in einem Zielklärungsprozeß auf ein bestimmtes Entwicklungsvorhaben geeinigt, stellt sich die Aufgabe, eine Prozeßplanung vorzunehmen, die den Ablauf der Projektes im Hinblick auf die beteiligten Personen in ihren unterschiedlichen Kompetenzen, die Informations-, Abstimmungs- und Entscheidungsnotwendigkeiten, die erforderlichen Ressourcen sowie den zeitlichen Ablauf erfaßt. Um dies hinreichend präzise leisten zu können, ist zunächst eine Aufgabenanalyse durchzuführen, auf deren Grundlage ein Ablaufdiagramm erstellt werden kann.

Zum Vorgehen

2.3.1 Aufgabenanalyse

Die Aufgabenanalyse besteht in einer möglichst vollständigen Sammlung aller zur Planung und Durchführung des Projektes notwendigen Teilaufgaben; hierzu wird das Projekt in die denkbar kleinsten Teilaufgaben zerlegt. Methodisch kann sie im **Brainstorming-Verfahren mit Aktionskarten** durchgeführt werden. (Einzelheiten können den Ausführungen unter der Überschrift "Aufgabenfeld 1: Daten sammeln" zum Stichwort "Kartenabfrage" auf S. 32 entnommen werden.)

Beispiel: Ein Kollegium hat beschlossen, für die 5. bis 7. Klasse Freiarbeit einzuführen (= Projektziel). Die Aufgabenanalyse geht von der Frage aus: Was muß alles geleistet/getan werden, um dieses Projektziel zu realisieren?

Im Brainstorming-Verfahren können dann Antworten der folgenden Art auf Aktionskarten gesammelt werden: Fortbildungsmaßnahmen durchführen, Materialien erstellen, Richtlinien revidieren, Stundenplan abstimmen, Eltern informieren, Räume bereitstellen, Grundsatzbeschluß fassen, Haushaltsmittel beantragen... Für die weitere Arbeit ist es wichtig, daß jeweils nur eine Teilaufgabe auf einer Karte notiert wird. Wenn die Karten aller beteiligten Personen an der Wand ausgehängt und nach thematischen Schwerpunkten geordnet sind (siehe "Kartenabfrage"), kann eine Diskussion unter den Teilnehmer/inne/n mit dem Ziel geführt werden, die Übersicht über die Teilaufgaben weiter zu vervollständigen (neue Karten aushängen).

Ist die Aufgabenanalyse abgeschlossen, wird auf dieser Grundlage ein Ablaufdiagramm erstellt, das den geplanten Projektverlauf detailliert beschreibt.

2.3.2 Ablaufdiagramm

Das Ablaufdiagramm kann durch Abnehmen und Umhängen der Aktionskarten im Sinne der zeitlichen Abfolge der einzelnen Projektschritte (von links nach rechts) erstellt werden. In diesem Zusammenhang ist auch zu klären, welche Vorgänge deswegen zeitlich parallelisiert werden können, weil unterschiedliche Personengruppen/Instanzen mit ihrer Realisierung befaßt sind. Zur Veranschaulichung können die folgenden Symbole genutzt werden:

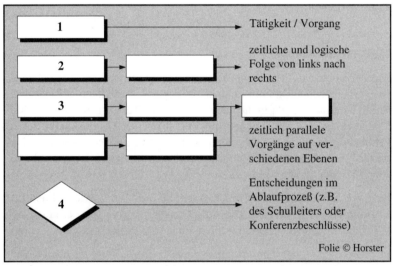

Das Ablaufdiagramm (zur Beschreibung eines jeden beliebigen Projektes) kann aus diesen vier Grundmustern zusammengesetzt werden. Dazu ist es allerdings erforderlich, zunächst die Ebenen festzulegen, auf denen sich das Projekt realisiert. Solche Ebenen können z.B. sein: Schulträger, Schulaufsicht, Eltern, Lehrer/innen, Schüler/innen, Schulleitung, Initiativgruppe...

Die Folie auf S. 60 zeigt einen Ausschnitt aus einem Ablaufdiagramm, mit dem eine Grundschule für sich geklärt hat, wie sie mit dem problematischen Pausenverhalten ihrer Schüler/innen im Sinne eines schulischen Entwicklungsprojektes umgehen will.

2.3.3 Funktionen des Ablaufdiagramms

Durch ein Ablaufdiagramm werden die Abfolge einzelner Arbeitsschritte und ihre Verknüpfungen dargestellt. Damit ist das Ablaufdiagramm eine Hilfe zur Planung des Entwicklungsprozesses.

a) Das Ablaufdiagramm dient im Planungsprozeß der Optimierung des Arbeitsablaufs. Der nötige Personaleinsatz zu verschiedenen Zeitpunkten und die erforderlichen Qualifikationen können abgeschätzt werden. Weiterhin wird erkennbar, an welcher Stelle und zu welchem Zeitpunkt Engpässe auftauchen können.

b) Das Ablaufdiagramm wird zum Geschäftsverteilungsplan, wenn bei jeder Tätigkeit ein verantwortlicher Bearbeiter eingetragen wird.

c) Das Ablaufdiagramm dient als Überwachungsinstrument zur Einhaltung von Endterminen einzelner Tätigkeiten. Dazu wird aus dem Ablaufdiagramm eine Terminüberwachungsliste erstellt. In diese Terminüberwachungsliste werden der oder die Bearbeiter/innen, der Anfangstermin und der Endtermin einer Tätigkeit eingetragen. Der Koordinator des schulinternen Entwicklungsprogramms kann zu verschiedenen Zeitpunkten kontrollieren, ob der Endtermin eingehalten werden kann.

d) Das z.B. im Lehrerzimmer ausgehängte Ablaufdiagramm sorgt für Transparenz des Entwicklungsprogramms im Kollegium. Jedes Kollegiumsmitglied kann zu jeder Zeit kontrollieren, an welchem Punkt die Entwicklung gerade angekommen ist, wie die nächsten Schritte aussehen werden und welche Personen/gruppen im einzelnen beteiligt sind. Diese Transparenz ist eine wichtige Voraussetzung dafür, daß sich das Kollegium mit dem Entwicklungsprogramm identifizieren kann.

Nach: Hans-Günter Rolff in: Schulleitungsseminar, Grundkurs "Organisationsentwicklung", Heft 2.1, S. 86. LSW Soest 1986

Das Ablaufdiagramm ist für den schulischen Bereich von Hans-Günter Rolff adaptiert worden, indem er es mit Kartenabfrage und Gruppenarbeit kombinierte.

Siehe hierzu auch:

Hans-Günter Rolff, Die Stunde der Schulentwicklungsplanung, sm 3/72, S. 5 ff

Hans-Günter Rolff, Klaus Klemm, Georg Hansen, Die Stufenschule. Ein Leitfaden zur kommunalen Schulentwicklungsplanung. Ernst Klett Verlag Stuttgart

Beispiel für ein Ablaufdiagramm / Ausschnitt

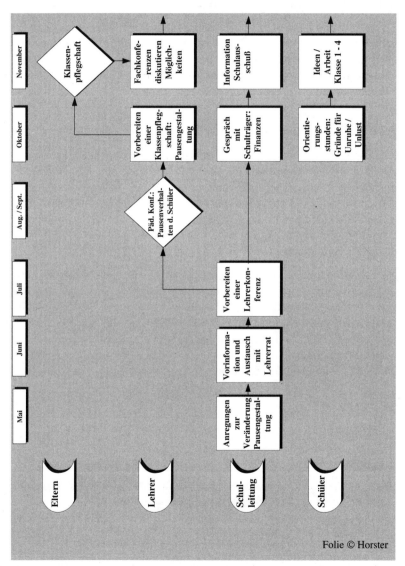

Nach: Kleingeist/Schuldt, Gemeinsam Schule machen. Soester Verlagskontor 1990, S. 51

Kommentar

In der Konkretisierung des Entwicklungszieles durch Aufgabenanalyse und Ablaufdiagramm geschieht eine **Klärung der Ziele über die Mittel.** Hierdurch wird einer Schwäche vorgebeugt, die vielfach bei Entwicklungsprojekten auftreten kann, auch wenn diese vom Kollegium mit großem Elan angegangen werden.

Innerschulische Entwicklungen können leicht von zwei Polen her gefährdet werden. Diese Pole sind:

1. Das Denken ist bodenlos.

2. Das Handeln ist planlos.

Die Formulierungen klingen zugegebenermaßen etwas übertrieben, vielleicht wird dadurch aber der Sachverhalt klarer.

Zu 1: "Das Denken ist bodenlos."

Beispiel: Ein Kollegium ist davon überzeugt, angesichts der besonderen Probleme an seiner Schule sei die Einstellung eines Sozialarbeiters erforderlich; die Lehrerkonferenz faßt daraufhin den Beschluß, einen entsprechenden Antrag an den Schulträger zu stellen. Der Schulträger bescheidet den Antrag abschlägig "wegen fehlender Finanzmittel". Daraufhin verzichtet das Kollegium auf weitere Aktivitäten.

Zur Kritik: Begeistert von seiner Idee, hat das Kollegium den Antrag bereits für die Ausführung des Vorhabens gehalten. Die Erfolglosigkeit mündet dann schnell in Mutlosigkeit. Das Kollegium hat aber nicht bedacht, durch welche Mittel denn das Vorhaben "Einstellung eines Sozialarbeiters" befördert werden könnte. Folgende Fragen hätten untersucht werden können:

Gibt es Schulen, die über einen Sozialarbeiter verfügen? Können wir Kontakt aufnehmen, um über die Vorgehensweise Informationen zu erhalten?

Wer finanziert im einzelnen einen schulischen Sozialarbeiter? Ausschließlich der Schulträger? Gibt es andere Instanzen? Wie und mit welchen Kompetenzen wirken die verschiedenen Instanzen zusammen? Welchen Einfluß kann ein Kollegium hierauf nehmen?

Wer entscheidet beim Schulträger darüber, wofür die Finanzmittel eingesetzt werden? Wenn es sich um eine Gemeinde handelt: Ist die Entscheidung Sache der Verwaltung oder/und der politischen Entscheidungsgremien? Welche Rolle spielen in diesem Zusammenhang die Fraktionen bzw. deren Facharbeitskreise? Gibt es Möglichkeiten, hier Verbündete zu finden?

Wie dringlich erscheint das Vorhaben der Schule einer interessierten Öffentlichkeit, den Vertretern des Schulträgers, der Elternschaft? Ist allen relevanten Personen die Dringlichkeit des Vorhabens klar? Gibt es Verbindungen innerhalb der Elternschaft, die für den angestrebten Zweck genutzt werden können?

Gibt es Alternativen zur Anstellung eines schulischen Sozialarbeiters, die zu vergleichbaren Wirkungen führen können?

Um jede dieser Fragen beantworten zu können, ist eine Vielzahl von Überlegungen und Aktivitäten im Zusammenspiel zwischen verschiedenen Personen und Personengruppen erforderlich. Es wird deutlich: eine Schule, die das Ziel verfolgt, über einen eigenen Sozialarbeiter verfügen zu können, hat prinzipiell eine Vielzahl von Mitteln zu bedenken, die zu diesem Ziel führen können.

Im Nachdenken über die Mittel, die zur Verwirklichung des Zieles führen sollen, geschieht eine zweifache Bewegung: das ursprüngliche Ziel, die Einstellung eines Sozialarbeiters, wird zunehmend konkreter; es schließt jetzt ein: eine detaillierte Erhebung und Darstellung des Bedarfs für die Maßnahme, die Entwicklung eines Einsatzkonzeptes, die Kontaktaufnahme mit verschiedenen Instanzen, die Ausschöpfung von verschiedenen Finanzierungsmöglichkeiten... Indem auf diese Weise das Globalziel "Einstellung eines Sozialarbeiters" in eine Vielzahl von Teilaspekten konkretisiert wird, ist das Kollegium zunehmend präziser in der Lage, die Erfolgsaussichten seines Vorhabens und seine sachliche Notwendigkeit/Berechtigung abzuschätzen. Dies führt u.U. zu einer Revision oder Teilrevision des ursprünglichen Zieles. Nicht in dem Sinne, daß aus Mutlosigkeit das Vorhaben aufgegeben wird, vielleicht stellt sich aber die Einsicht ein, daß das, was ursprünglich als Ziel angesehen worden ist, in Wirklichkeit ein Mittel zur Lösung eines Problems war, das möglicherweise mit anderen, leichter verfügbaren Mitteln ebenso gelöst werden kann.

Zu 2: "Das Handeln ist planlos."

Beispiel: Der ewigen Grundsatzdiskussionen müde, hat sich ein Kollegium zusammengesetzt und an einem pädagogischen Tag gemeinsam Materialien für Freiarbeit hergestellt. Es herrscht große Genugtuung darüber, endlich etwas Greifbares vollbracht zu haben. In den folgenden Unterrichtsstunden werden die Materialien auch eingesetzt, nach kurzer Zeit kehrt aber die gewohnte Unterrichtsroutine zurück.

Zur Kritik: Der schnell greifbare Erfolg, das Vorhandensein von Materialien, hat darüber hinweggetäuscht, daß die Voraussetzungen für den Einsatz dieser Materialien nicht hinreichend bedacht worden sind: Wer soll mit diesen Materialien arbeiten? Jede/r Lehrer/in im normalen Unterricht? Werden bestimmte Stunden hierfür reserviert? Welchen Fächern werden diese Unterrichtsstunden abgezogen? Wird das Material fachbezogen oder fachübergreifend eingesetzt? Wie und durch wen erfolgt jeweils eine Korrektur der Ergebnisse? Ist das Material für alle Schülerjahrgänge gedacht? Gibt es für ältere Schüler Alternativen? Wie ist sichergestellt, daß das Material für die Schüler/innen nicht veraltet? Gibt es eine kontinuierliche Weiterentwicklung? Welches Ziel soll durch dieses Material erreicht werden? Kann dieses Ziel bei allen Schüler/inne/n auf die gleiche Weise erreicht werden? Welche Alternativen bieten sich an?

Damit das Tun langfristig erfolgreich sein kann, muß es in einen Prozeß des Nachdenkens über seine Voraussetzungen und Konsequenzen sowie die mit ihm angestrebten Ziele eingebettet werden. Vielleicht war ja auch das Tun (Herstellen von Materialien), eine willkommene Gelegenheit, die Unterschiedlichkeit von nicht ausgetragenen Positionen im Kollegium kurzfristig zu überbrücken. Diese Unterschiede brechen aber erneut auf, wenn die Kurzatmigkeit des gemeinsamen Tuns wieder nicht zu dauerhaften Veränderungen führt.

Der hier skizzierten Gefährdung innerschulischer Entwicklungen von zwei verschiedenen Polen her soll durch Aufgabenanalyse und Ablaufdiagramm im Sinne von **"die Ziele über die Mittel klären"** (siehe Folie) entgegengewirkt werden. Die Intention dieses Verfahrens besteht darin, die Ziele über die verfügbaren Mittel zu konkretisieren und von diesen Mitteln her wiederum die Ziele zu überdenken und gegebenenfalls zu revidieren. Mit anderen Worten, das Verfahren stellt den Versuch dar, das Denken über das mögliche Tun zu disziplinieren. Pädagogisches Denken wird auf diese Weise vielleicht pragmatischer. Zugleich soll das Tun, das der Konkretisierung von vorweg und beiher diskutierten Zielen verpflichtet ist, reflektierter werden. Vielleicht wird auf diese Weise das Handeln durch das Nachdenken über Voraussetzungen, Konsequenzen und Ziele insgesamt aufgeklärter.

Wer sich näher über wissenschaftstheoretische Hintergründe zum Verhältnis von Zielen und Mitteln informieren will, sei verwiesen auf:

Per Dalin und Hans-Günter Rolff, Institutionelles Schulentwicklungs-Programm. Eine neue Perspektive für Schulleiter, Kollegium und Schulaufsicht. Soester Verlagskontor 1990, S. 22-23.

2.3.4 Die Ziele über die Mittel klären *

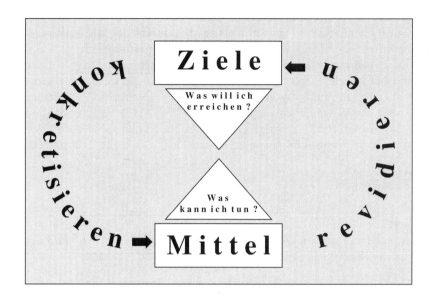

Intentionen und Wirkungen:

Das Denken durch das Tun disziplinieren.

Das Tun durch das Denken aufklären.

Das Denken wird pragmatisch.

Das Handeln wird reflektiert.

* L. Horster nach H.G. Rolff

2.4 Durchführen der Entwicklung

Die Durchführung der geplanten Entwicklung stellt den schwierigsten Teil in einem schulinternen Entwicklungsvorhaben dar: zum einen muß das Kollegium für sich **neue Inhalte** im Sinne der angestrebten Entwicklungsziele erarbeiten, zum anderen muß dies in **neuen Strukturen** (z.B. in neuen Zuständigkeiten, Kommunikationsformen und -wegen) geschehen, die dem Anspruch gerecht werden, die geplanten Veränderungen unter aktiver Teilhabe möglichst vieler Kollegiumsmitglieder zu realisieren. Im Rahmen eines schulinternen Entwicklungsvorhabens wird die angestrebte Veränderung eben nicht von der Leitung vorgegeben und durch von ihr vorgegebene Entscheidungen in Praxis umgesetzt, sondern vielmehr in einem Selbstklärungsprozeß der Kollegiumsmitglieder einverständig verabredet und gemeinschaftlich realisiert.

Zum Vorgehen

Organisatorisch geschieht dies, indem eine Gruppe mit der Detailplanung und Koordinierung des vom Kollegium beschlossenen Vorhabens beauftragt wird. Diese Gruppe ist zuständig für das, was man mit einem Fachausdruck aus der Organisationslehre als **Projektmanagement** bezeichnet.

2.4.1 Projektmanagement

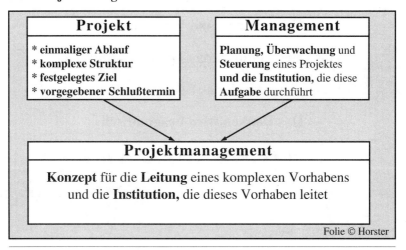

Peter Rinza, Projektmanagement. Planung, Überwachung und Steuerung von technischen und nichttechnischen Vorhaben. VDI-Verlag, Düsseldorf 1976, S. 4

Die mit dem Projektmanagement betraute Gruppe stellt im Gefüge des Kollegiums organisatorisch eine Neuheit dar, da sie mit Kompetenzen ausgestattet ist, für die es in der Schule/im Seminar bislang nicht unbedingt eine vergleichbare Einrichtung gegeben hat. Bezogen auf das geplante Entwicklungsvorhaben nimmt sie Zuständigkeiten war, die in einem traditionellen Verständnis eher bei der Schul-/Seminarleitung angesiedelt werden, ohne daß die Mitglieder dieser Gruppe auch förmlich zu einem Bestandteil der Schul-/Seminarleitung geworden wären. In der Außenwahrnehmung der Gruppe kann dies zu Problemen im Verhältnis zur Schulleitung wie zu den übrigen Mitgliedern des Kollegiums führen.

Beispiel:

In der Carl von Ossietzky-Gesamtschule hatte die für das Projektmanagement zuständige Gruppe von Lehrerinnen und Lehrern, die als "Steuergruppe" bezeichnet wurde, vom Kollegium den Auftrag erhalten, für mehr Transparenz bei der jährlichen Verteilung der schulischen Haushaltsmittel zu sorgen. Die Fachvorsitzenden sollten daher zu einer Besprechung mit der Steuergruppe zusammentreffen, um über einen Verteilungsmodus zu beraten, der geeignet sein könnte, die Interessen der verschiedenen Fachbereiche zu berücksichtigen. Die Sprecherin der Steuergruppe hatte schriftlich und unter Wahrung einer angemessenen Frist zu der Besprechung eingeladen. Zum festgesetzten Zeitpunkt erschienen jedoch nur einige Fachvorsitzende, die größere Anzahl war der Einladung nicht gefolgt. Die Enttäuschung der Steuergruppe und ihrer Sprecherin war groß, da das Vorhaben, das mit den Fachvorsitzenden verabredet werden sollte, doch dem Wunsch des Kollegiums entsprach. Als Ursache für das Fernbleiben der Fachvorsitzenden stellte sich später folgender Sachverhalt heraus: an der Carl von Ossietzky-Gesamtschule war es üblich, daß zu dienstlich relevanten Veranstaltungen Einladungen verschickt wurden, die vom Schulleiter oder einem sonst zuständigen Funktionsträger (z.B. Orga-Leiter oder Abteilungsleiter) unterschrieben waren. Das von der Sprecherin der Steuergruppe unterzeichnete Schreiben wurde vor diesem Hintergrund von den meisten Fachvorsitzenden als eine unverbindliche Einladung betrachtet und...nicht befolgt.

Der geschilderte Fall macht deutlich, daß es notwendig ist, das förmliche Verhältnis der mit dem Projektmanagement beauftragten Gruppe zu Schulleitung und Kollegium sorgfältig zu definieren. Eine solche Gruppe, die von ihrem inhaltlich und **zeitlich begrenzten** Auftrag her als **temporäre Grup-**

pe zu bezeichnen ist, muß stimmig in die **permanenten Strukturen** der Schule/des Seminars eingepaßt werden. Ein Mittel, dies im Detail zu leisten, ist die Analyse der **Aufbauorganisation** einer Schule/eines Seminars und die Abstimmung der Kompetenzen einer solchen temporären Gruppe auf diese aufbauorganisatorischen Strukturen. Mit den aufbauorganisatorischen Strukturen sind die förmlichen Weisungs- und Kommunikationswege in einer Schule/einem Seminar gemeint, die sich in manchen Schulformen in Gestalt von Beförderungsämtern und festgelegten Zuständigkeiten realisieren. So gibt es in einzelnen Schulformen neben dem Leiter und dem Stellvertreter beispielsweise Abteilungsleiter oder Stufenleiter, die in einem bestimmten Rahmen ein Weisungsrecht gegenüber den Mitgliedern des Kollegiums besitzen. Aber auch in den Fällen, in denen es neben dem Leiter und dem Stellvertreter keine weiteren Funktionsstellen in einer Schule gibt, kann gleichwohl eine differenziertere aufbauorganisatorische Struktur bestehen, wenn von der Schulleitung bestimmte Kompetenzen an einzelne Kollegiumsmitglieder - erkennbar für das übrige Kollegium - delegiert worden sind.

Das Mittel, mit dem die Aufbauorganisation einer Schule, eines Seminars, eines Unternehmens, einer Behörde dargestellt werden kann, ist das **Organigramm**. Organigramme dokumentieren den Ist- oder Sollzustand des hierarchisch gegliederten Stellengefüges in der jeweiligen Institution. Dabei besteht die Möglichkeit, durch die Verwendung unterschiedlicher Symbole zwischen **Leitungs-, Stabs- und Ausführungsstellen** zu unterscheiden. Zur Veranschaulichung mag ein einfaches **Stab-Linien-Modell** dienen.

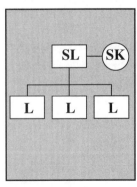

Im Sinne dieses aufbauorganisatorischen Modells liegt die Leitungsfunktion beim Schulleiter (SL). Er wird in der Wahrnehmung seiner Aufgabe durch das Sekretariat (SK) unterstützt, das als Stabsfunktion keine Weisungskompetenz hat. Die einzelnen Lehrer/innen (L) sind Ausführungsstellen in bezug auf die Anordnungen des Schulleiters. Die Beziehungen in einer Organisation dieser Art gestalten sich auf zweifache Weise: als Linie (SL-L) und als Stab (SK-SL). Zu dieser Grundform der Aufbauorganisation existieren zahlreiche Varianten und Alternativen.

Was **aufbauorganisatorisch** unter **Projektmanagement** zu verstehen ist und welche Konsequenzen sich daraus im einzelnen für die organisatorische Absicherung eines schulinternen Entwicklungsvorhabens ergeben können, soll durch die folgenden Überlegungen geklärt werden.

2.4.2 Projektmanagement und Aufbauorganisation

Für die **Einordnung des Projektmanagements** in die bestehende Aufbauorganisation einer Schule bieten sich grundsätzlich **drei Alternativen** an, je nachdem, **welchen Einfluß** man dem Projektmanagement (temporäres Management) **im Vergleich zum Funktionsmanagement** (permanentes Management, Schulleitung) übertragen möchte. Diese Alternativen sind:
1. **Einfluß-Projektmanagement (Stab)**
2. **Matrix-Projektmanagement (Matrix)**
3. **Reines Projektmanagement (Linie)** (1)

Welche Zuständigkeiten und Einflußmöglichkeiten mit jeder dieser Alternativen verbunden sind, kann der folgenden Übersicht entnommen werden:

Organisatorische Einbindung	Projekt-Management (temporär)	Funktions-Management (permanent)
Stab	Information / Beratung	Entscheidung
Matrix	Projektverantwortung	disziplinarische Weisungsbefugnis
Linie	Entscheidung	Information / Beratung

(2)

Im Sinne dieser Grafik läßt sich die Situation der Steuergruppe in der Carl von Ossietzky-Gesamtschule (siehe Beispiel S. 67) folgendermaßen deuten:

1. **Die Steuergruppe** hat sich aufbauorganisatorisch in einer **Linienfunktion** gesehen. Sie hat gegenüber den Fachvorsitzenden eine **Entscheidungs- und Weisungskompetenz** beansprucht. Die Sprecherin der Steuergruppe war daher davon ausgegangen, daß die Fachvorsitzenden die Einladung zu einer Besprechung als dienstlich relevante Äußerung verstehen und befolgen würden.

2. Die Fachvorsitzenden dagegen haben die **Steuergruppe** in einer **Stabsfunktion** gesehen, deren Aufgabe darin besteht, die **Schulleitung zu informieren und zu beraten**. Erst wenn der von der Steuergruppe erarbeitete Plan

---

(1) und (2) nach: **W.H. Staehle, Management.** Eine verhaltenswissenschaftliche Perspektive. Verlag Franz Vahlen, München 1989, S. 708

einer gemeinsamen Konferenz mit den Fachvorsitzenden der **Schulleitung** unterbreitet und von dieser kraft ihrer **Entscheidungskompetenz** als dienstliche Veranstaltung angesetzt worden wäre, wären die Fachvorsitzenden einer entsprechenden Einladung gefolgt.

3. Die Auflösung der in dem Fallbeispiel geschilderten Friktion hätte darin bestehen können, die **Steuergruppe** aufbauorganisatorisch in der **Matrix** anzuordnen. In diesem Fall hätte der **Schulleiter** durch eine von ihm verfaßte Einladung an die Fachvorsitzenden den **formell verbindlichen Rahmen** geschaffen, innerhalb dessen die **Steuergruppe** die Möglichkeit gehabt hätte, ihre **inhaltliche Projektverantwortung** wahrzunehmen.

Die folgenden drei Grafiken zeigen, wie die Einordnung des Projektmanagements als Stab, Linie oder Matrix in Form eines Organigramms abgebildet werden kann. Als Beispiel ist das Projektthema "Freie Arbeit" gewählt worden. Eine grafische Veranschaulichung in dieser Form kann zweierlei Funktionen erfüllen: zum einen bietet sie Gelegenheit, über die meistens nicht ausdrücklich reflektierten Strukturen der eigenen Schule nachzudenken, zum anderen stellt sie den wünschbaren Status der mit dem Projektmanagement betrauten Gruppe überschaubar dar und trägt so zur Transparenz schulischer Entscheidungsstrukturen bei.

2.4.3 Projektmanagement als Stab

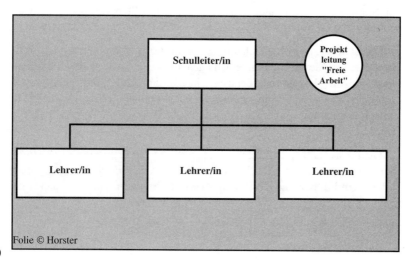

Folie © Horster

Projektmanagement in der Linie

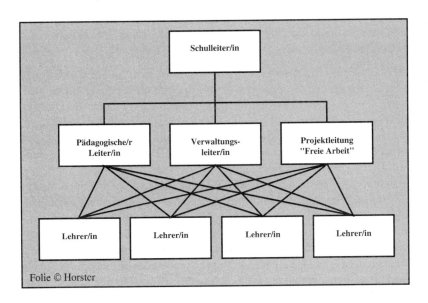

Projektmanagement in der Matrix

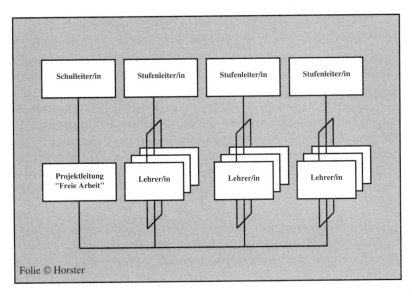

Kommentar

Ob das Projektmanagement im Stab, in der Linie oder in der Matrix angesiedelt wird, hängt von den konkreten Bedingungen der jeweiligen Organisation und ihren individuellen Eigentümlichkeiten, Traditionen und Kommunikationsstilen ab.

Beispielsweise ist es denkbar, daß in einer Schule Initiativen und Aktivitäten von Einzelnen und Gruppen erst dann schulöffentlich belangvoll werden, wenn sie zuvor durch den Schulleiter in den Rang dienstlicher Handlungen gehoben worden sind. Würde eine Projektgruppe dies nicht berücksichtigen, müßte sie damit rechnen, daß ihre Unternehmungen als unverbindliche, eher private Anstrengungen angesehen werden. Im Falle einer solchen Schule werden offenbar alle Personen/gruppen, die bestimmte Aufgaben über den Rahmen ihrer unterrichtlichen Verpflichtungen hinaus wahrnehmen, als Zuarbeiter des Schulleiters betrachtet, die nicht in eigener Zuständigkeit handeln. Aufbauorganisatorisch wird dieses Verhältnis als Stabsfunktion definiert. Wird daher mit dem Projektmanagement eine neue Gruppe eingerichtet, der eine spezielle Aufgabe überantwortet werden soll, empfiehlt es sich, dies auf der Grundlage einer sorgfältigen Analyse der bislang an der Schule vorherrschenden aufbauorganisatorischen Strukturen zu tun. Danach kann dann darüber nachgedacht werden, ob das Projektmanagement im Sinne der bisher vorhandenen Strukturen eingebunden werden soll, oder ob es sinnvoll ist, eine neue zu wählen. Es muß dabei jedoch bewußt sein, daß die gewählte Form bestimmte Konsequenzen für die organisatorischen Abläufe im Projektmanagement und der Schule als Organisation insgesamt mit sich bringt.

Die Anordnung im **Stab** sichert die Einheitlichkeit der Weisungsbefugnis bei der Schulleitung: sie verhindert, daß es zu einander widersprechenden Willenskundgebungen zwischen dem permanenten Management (der Schulleitung) und dem temporären Management (der Projektleitung) kommt. Diese Lösung kann aber möglicherweise zu Frustrationen in der Gruppe des Projektmanagements führen, deren Mitglieder dann als bloße Zuarbeiter für die Schulleitung dienen, ohne eigene Entscheidungskompetenzen zu haben. Sie bleiben darauf beschränkt, Vorschläge auszuarbeiten, ohne sicher sein zu können, irgendeinen Einfluß auf Umfang und Art ihrer Realisierung haben zu können.

Anders ist die Situation in der **Linie**. Hier hat das Projektmanagement direkten Einfluß auf die Realisierung seiner Vorschläge, es tritt als eine Weisungsinstanz (wenngleich temporärer Art) neben andere Weisungsinstanzen (permanenter Art). In der konkreten Arbeit kann dies aber zu Schwierigkeiten führen, wenn die Art der aufbauorganisatorischen Einordnung gegenüber dem Kollegium nicht hinreichend explizit vorgenommen worden ist und wenn die Zuständigkeiten der verschiedenen Weisungsinstanzen nicht deutlich genug voneinander abgegrenzt worden sind.

Die Anordnung in der **Matrix** verhilft dem Projektmanagement zu einem direkten Einfluß auf die inhaltliche Realisierung des Projektes; durch die Zusammenarbeit mit den permanenten Weisungsinstanzen in formeller Hinsicht wird zugleich die nötige Verbindlichkeit gewährleistet.

2.4.4 Voraussetzungen und Aufgaben des Projektmanagements

a) Voraussetzungen

Wenn sich eine Schule entschließt, eine besondere Gruppe einzurichten und diese mit dem Projektmanagement zu betrauen, sind einige wichtige **Voraussetzungen** zu erfüllen, damit das Projektmanagement erfolgreich sein kann. Es muß nämlich

1. ein **klarer Projektauftrag** erteilt werden, der auch die Zielsetzung, Teilaufgaben, besonderen Kompetenzen sowie die benötigten Hilfsmittel für das Projekt benennt;

2. ein/e Projektleiter/in oder **Projektbeauftragte/r** (i. d. Regel Sprecher/in der Gruppe) ernannt werden, die /der den Projektauftrag moderiert und die beteiligten Stellen bzw. Personen/gruppen koordiniert;

3. festgelegt werden, ob und welche **externen Fachleute** in welcher Form an dem Projekt mitarbeiten bzw. auf welche Weise sonst externes Expertentum für das Projekt nutzbar gemacht werden kann/muß;

4. (bei größeren Schulen) ein **Ansprechpartner in der Schulleitung** bestimmt werden, dem regelmäßig zu berichten ist;

5. ein **Zeitplan** erstellt werden (z.B. als Ablaufdiagramm visualisiert);

6. geklärt sein, wie die **Informations- und Entscheidungsabläufe** zwischen den Beteiligten, besonders zwischen Schulleitung, Projektgruppe und eventuell neu einzurichtenden AG`s des Kollegiums zu organisieren sind;

7. die **notwendigen Kontrollen** über den Projektverlauf vorgeplant werden (Terminverfolgung, Arbeitsablauf, Zwischenergebnisse, Erfolgskontrolle);

8. dazu von den Projektmitgliedern eine **Dokumentation** über den Ablauf der Projektarbeit erstellt werden (Planungsunterlagen, Protokolle, Zwischenberichte, Ergebnisse u.ä.);

9. eine **Rückkopplung** an die im Projekt arbeitenden Kolleg/inn/en über den Erfolg ihrer Arbeit gegeben werden;

10. schließlich eine **Nachbereitung** stattfinden, bei der festgestellt wird, mit welchem Erfolg das Projekt durchgeführt worden ist und welche praktischen Erfahrungen für künftige Projekte gewonnen werden konnten.

Nach: **R.Berger / W.Borkel, Grundwissen Betriebsorganisation.** Wilhelm Heyne Verlag, München 1988, S. 105 f.

b) Aufgaben

Planung, Steuerung und Überwachung sind die Hauptaufgaben des Projektmanagements während der gesamten Projektlaufzeit. Da Aufgabenstellungen nicht allumfassend planbar sind, kann ihr Ablauf nur in Etappen für die unmittelbar folgenden Schritte detailliert festgelegt werden. Für die ferner liegenden Teilaufgaben wird zunächst eine Grobplanung vorgenommen, die erst im späteren Verlauf differenzierter ausgeführt wird. Somit besteht die Aufgabe des Projektmanagements aus einem sich **mehrfach wiederholenden Prozeß** von Planung, Steuerung und Überwachung.

Planungsaufgaben
Die Planungsaufgabe setzt sich aus folgenden Teilaufgaben zusammen:
* Analyse der Aufgabenstellung,
* Optimierung der Projektaufgabe,
* Planung des Ablaufs,
* Setzen von Teilzielen.
Als wichtiges **Hilfsmittel** für die Wahrnehmung der Planungsaufgaben kann das **Ablaufdiagramm** eingesetzt werden.

Steuerungsaufgaben

Unter Steuerung sollen alle Maßnahmen verstanden werden, die zur bestmöglichen Erfüllung der Projektziele erforderlich sind. Steuerungsaufgaben erstrecken sich auf fünf Bereiche:

* Steuerung des Projektablaufs hinsichtlich der Projektziele,

* Anleiten der am Projekt beteiligten Kolleg/inn/en,

* Koordinieren der Zusammenarbeit der am Projekt beteiligten Personen/gruppen

* Vorbereiten oder Fällen von Entscheidungen,

* Informieren und Berichterstatten.

Überwachungsaufgaben

Mit der Projektüberwachung soll erreicht werden, daß die Projektziele entsprechend der Planung erfüllt werden. Folgende Fragen müssen während der Projektlaufzeit immer wieder aufs neue beantwortet werden:

* Stimmen die tatsächlichen Ergebnisse mit den geplanten überein?

* Wo und wann treten Abweichungen auf und welchen Einfluß haben sie auf die Realisierung des Projektzieles?

* Warum treten diese Abweichungen auf?

Die **Überwachung** kann in folgenden **Formen** geschehen:

* durch unregelmäßige / informelle Gespräche mit den beteiligten Personen/gruppen,

* durch Abfrage der Ergebnisse jeweils zu den geplanten Terminen (siehe hierzu auch "Aufgabenfeld 5: Evaluieren der Ergebnisse"),

* durch regelmäßige Projektbesprechungen,

* durch "automatische" Meldungen der beteiligten Gruppen.

Nach: **Peter Rinza, Projektmanagement.** Planung, Überwachung und Steuerung von technischen und nichttechnischen Vorhaben. VDI-Verlag, Düsseldorf 1976, S. 12 - 27

2.4.5 Rollenprobleme im Projektmanagement

Die Gruppe der Personen, die das Projektmanagement wahrnimmt, tritt durch diese Tatsache zueinander und zu den übrigen Mitgliedern des Kollegiums und der Leitung in neue Beziehungen ein, die u.U. mit der bisherigen (permanenten) Rolle kollidieren können. ("Rolle" bedeutet in diesem Zusammenhang ein Bündel von Erwartungen, das an eine Person herangetragen wird. Dabei müssen Selbstbild und Fremdbild keineswegs übereinstimmen.) So ist es denkbar, daß z.b. ein "einfaches" Kollegiumsmitglied durch seine Mitarbeit im Projektmanagement gegenüber anderen Lehrer/inne/n - zumindest in einem bestimmten Bereich - Weisungsbefugnisse erhält, (in diesem Fall sieht sich das Kollegiumsmitglied im Sinne des o.e. Rollenbegriffs in einer temporären Leitungsrolle, wird aber vielleicht vom übrigen Kollegium immer noch in seiner "alten" Rolle - nämlich ohne Weisungsbefugnis - gesehen). Eine andere denkbare Konstellation, die durch die Etablierung des Projektmanagements hervorgerufen werden kann, besteht darin, daß ein Schulleitungsmitglied akzeptieren muß, daß ein/e Lehrer/in als Sprecher/in der mit dem Projektmanagement betrauten Gruppe diese gegenüber dem Kollegium vertritt. Dies kann z.B. auch bedeuten, daß projektbezogene Anweisungen an das Kollegium nicht von der Schulleitung vorgetragen und kontrolliert werden. Hieraus können - wenigstens in einer Gewöhnungsphase - Schwierigkeiten in der gegenseitigen Rollenwahrnehmung erwachsen. Um solche Schwierigkeiten zu analysieren und abzubauen, kann das **Verfahren der kooperativen Rollenklärung** verwendet werden.

2.4.6 Kooperative Rollenerklärung

Ziele:

Die **Klärung der Rollenerwartungen und Rollenauffassungen,** die die Mitglieder einer bestehenden (Arbeits-)Gruppe haben.
Die **Überprüfung der Rollenverteilung** in einer(Arbeits-)Gruppe.
Eine (Arbeits-)Gruppe soll lernen und es als normal ansehen, **Rollenkorrekturen vorzunehmen.**

Verfahren:
In einer Reihe strukturierter Schritte definieren und beschreiben die Rolleninhaber zusammen mit den Gruppenmitgliedern die Rollenerfordernisse. Die jeweils betrachtete Rolle wird als **Fokusrolle** bezeichnet.

1. Schritt: Analyse der Fokusrolle hinsichtlich ihrer unverzichtbaren Elemente.
Die **Rolle,** ihr Platz in der Organisation, der Grund für ihre Existenz und ihre Bedeutung für die Ziele der Gesamtorganisation werden untersucht.
Hierzu werden die vom Rolleninhaber / von der Rolleninhaberin zu erfüllenden Aufgaben und die entsprechenden Verhaltensweisen gesammelt, auf ein Plakat geschrieben und von der Gruppe diskutiert. Verhaltensweisen werden hinzugefügt und gestrichen, bis die Gruppe und der Rolleninhaber mit der vollständigen Definition der Rolle zufrieden sind.

2. Schritt: Klärung der Rollen der übrigen Gruppenmitglieder aus der Perspektive der Fokusrolle.
Es wird untersucht und geklärt, welche Erwartungen der Inhaber der Fokusrolle gegenüber den anderen Mitglieder der Gruppe hat.
Hierzu notiert der Inhaber der Fokusrolle auf einem Plakat, was er von den anderen Rollen in der Gruppe erwartet, die seine Leistung am meisten beeinflussen. Seine Erwartungen werden diskutiert, geändert, ergänzt und von der Gruppe akzeptiert.

3. Schritt: Erwartungen der Gruppenmitglieder an die Fokusrolle.
Man findet heraus, was die Mitglieder der Gruppe vom **Inhaber** der Fokusrolle erwarten.
Hierzu schreiben die Gruppenmitglieder ihre Erwartungen auf ein Plakat. Das Ergebnis wird diskutiert, geändert, ergänzt und von der Gruppe und vom Rolleninhaber akzeptiert.

Zum Abschluß faßt der Inhaber / die Inhaberin der Fokusrolle das Ergebnis der drei Schritte schriftlich zu einem Rollenprofil zusammen.

Nach: W.L. French, C. H. Bell, Organisationsentwicklung. UTB 486. Verlag Paul Haupt, Bern und Stuttgart 1982, S. 148 f.

2.5 Evaluieren der Ergebnisse

Evaluation ist ein wichtiges Aufgabenfeld im schulinternen Entwicklungsprozeß, weil sich hier der Erfolg einer bestimmten Maßnahme oder eines bestimmten Entwicklungsschrittes ablesen läßt. Die beteiligten Personen erhalten Auskunft darüber, ob sie im geplanten Prozeß im Sinne der vereinbarten Ziele vorangekommen sind oder ob bestimmte Schritte zu wiederholen, zu optimieren oder alternativ zu planen sind.

Lehrer/innen sind Fachleute für Evaluation: Evaluation spielt (auch wenn dieser Sachverhalt nicht immer bewußt ist,) im beruflichen Handeln von Lehrer/innen eine zentrale Rolle, daher können die wesentlichen Begriffe und Kategorien zur Evaluation an einem Beispiel aus diesem Bereich verdeutlicht werden.

Das Beispiel, auf das wir uns im Folgenden beziehen werden, ist die mündliche und schriftliche Leistungsüberprüfung. Versuchen wir, die Begriffsbestimmung von Evaluation darauf anzuwenden, um ihre einzelnen Elemente hieran zu illustrieren.

2.5.1 Zum Begriff "Evaluation":

Evaluation richtet sich auf

* die **Sammlung, Verarbeitung (Analyse) und Interpretation von Daten**

mit dem

* **Ziel, bestimmte Fragen über Innovationen zu beantworten und Entscheidungen über sie zu treffen.**

Das schließt die Beschreibung und Bewertung von Zielen, Inhalten und Methoden sowie die Vorbereitung von Entscheidungen ein.

Man unterscheidet zwischen

* **Prozeß-** oder **formativer Evaluation** und

* **Ergebnis-** oder **summativer Evaluation.**

Folie © Horster

Nach: **Ch. Wulf (Hg.): Evaluation.** Piper Verlag München 1972

Die **Klassenarbeit** als schriftliche Leistungsüberprüfung am Ende eine Unterrichtsreihe stellt im Sinne dieser Definition eine Form der **Ergebnisevaluation** oder **summativen Evaluation** dar. Das **Ziel** der Klassenarbeit besteht darin, **Informationen** darüber zu erhalten, wie erfolgreich die vorangegangene Unterrichtsreihe ("Innovation") gewesen ist, und eine **Entscheidung** darüber treffen zu können, ob und in welcher Form im Stoff fortgeschritten werden kann. Dies geschieht auf der Grundlage von in der Klassenarbeit gewonnenen **Daten**, die zu einem Bild vom Leistungsstand der Klasse **verarbeitet** werden können.

Damit sich aber nicht erst am Ende einer längeren Zeitspanne herausstellt, daß der in die Klassenarbeit einmündende Unterricht (aus welchen Gründen auch immer) nicht in dem Maße erfolgreich gewesen ist, wie es die Lehrperson erhofft hat, empfiehlt es sich, begleitend zur Unterrichtsreihe, kleinere Lernstandskontrollen vorzunehmen, sei es in Form von Hausaufgaben, Wiederholungen oder Tests, um so Informationen darüber zu erhalten, in welcher Weise der ursprünglich geplante Unterrichtsverlauf im Hinblick auf die tatsächlichen Verhältnisse in der Lerngruppe "nachgesteuert" werden muß. Diese den Unterrichts**prozeß begleitenden Erhebungen** kann man als **formative Evaluation** verstehen.

Die Erläuterungen zur summativen und formativen Evaluation am Beispiel der Klassenarbeit machen zugleich auch deutlich, daß die **Frage nach der Evaluation**, und d.h. die Frage nach den Erfolgskriterien, **sinnvollerweise nicht erst nach Beendigung eines Entwicklungsprozesses** gestellt wird, sondern bereits **einen wesentlichen Bestandteil der Planung darstellt**, wie ja auch in der Unterrichtsplanung die Frage der Lernzielkontrolle immer schon mit bedacht werden sollte.

Im Rahmen eines schulinternen Entwicklungsprojektes stellt sich die Frage nach der **Evaluation also bereits im Stadium der Projektplanung**, also z.B. bei der Anfertigung eines Ablaufdiagramms. In den Ablaufdiagrammen kann vermerkt werden, **wer, zu welchem Zeitpunkt, in welcher Form** den Prozeßstand evaluiert: beispielsweise kann ein von einer Initiativgruppe an die Lehrerkonferenz gerichteter Zwischenbericht über den aktuellen Entwicklungsstand eines Projektes eine Form der **prozeßbegleitenden** oder **formativen Evaluation** darstellen.

Die Tatsache, daß bereits bei der Projektplanung über Evaluation nachgedacht wird, bedeutet jedoch nicht, daß die anfänglich aufgestellten Kriterien unwandelbar über den gesamten Prozeß aufrecht erhalten bleiben müssen, sondern hier sind - prozeßbegleitend - Modifikationen durchaus denkbar und wünschenswert, um die Meßkriterien dem tatsächlichen Prozeßverlauf realistisch anpassen zu können: diese begleitende Modifikation der Kriterien ist uns ja ebenfalls aus dem Unterrichtsprozeß geläufig.

2.5.2 Das Interesse an Evaluation

Das **Interesse an Evaluation** kann **intrinsischen** oder **extrinsischen** Charakter haben.

Intrinsisch motivierte Evaluation entspringt dem Wunsch der Träger/Teilnehmer eines Projektes, genau zu ermitteln, was man eigentlich mit welchen Ergebnissen und Folgen tut.

Extrinsisch motivierte Evaluation ist eine Auftragserfüllung mit bürokratisch-statistisch-technokratischem Hintergrund und dient der Legitimation (z.B. der Verwendung von Zeit und Geldern) nach außen hin.

Beziehen wir dieses Begriffspaar wieder auf unser Beispiel von der Klassenarbeit, so kann man sagen, daß das Evaluationsinteresse des Lehrers / der Lehrer/in ein intrinsisches Interesse ist, wogegen das der Schulleitung, die sich drei Hefte einer Klassenarbeit exemplarisch vorlegen läßt, eher ein extrinsisches Interesse darstellt.

Das **Interesse der Lehrperson an der Klassenarbeit ist eher intrinsisch**, weil sie ermitteln möchte, mit welchen Ergebnissen und Folgen für den Leistungsstand ihrer Lerngruppe sich der Unterricht ausgewirkt hat.

Das **Interesse der Schulleitung an der Klassenarbeit ist eher extrinsisch**, weil sie die Vergleichbarkeit der Leistungsanforderungen z.B. in parallelen Lerngruppen oder im Hinblick auf die Richtlinien sichern möchte. Während die Blickrichtung der Lehrperson nach innen, auf die eigene Lerngruppe gerichtet ist, ist der Blick der Schulleitung nach außen, auf vergleichbare Lerngruppen oder extern vorgegebene Standards gerichtet.

Entsprechend kann auch in einem schulinternen Entwicklungsvorhaben zwischen einem intrinsischen und einem extrinsischen Evaluationsinteresse unterschieden werden.

Ein **intrinsisches Interesse** richtet sich auf die Frage, ob die vom Kollegium / von der Schule angestrebten Veränderungen tatsächlich erreicht worden sind, ein **extrinsisches Interesse** richtet sich z.b. auf die Frage, ob die durch das Projekt zutage geförderten Ergebnisse gegenüber der Schulaufsicht oder dem Schulträger zu legitimieren sind.

2.5.3 Zur Funktion von Evaluation

Evaluation kann vielfältige Funktionen haben. Die vier wichtigsten seien hier vorgestellt:

Die therapeutische Funktion

meint die psychisch-emotional entlastende Wirkung, die mit der Äußerung von Kritik und Einbringen der eigenen Meinung für die Betroffenen einhergeht.

Die Funktion der Optimierung

meint die durch die Evaluationsergebnisse erbrachten Möglichkeiten, das jeweilige Projekt, auf jeden Fall aber ähnliche oder Folgeprojekte besser zu machen.

Die Funktion der Entscheidungshilfe

ist vergleichbar der Optimierungsfunktion, bedeutet aber auch eine Antwort auf die Frage, ob die Maßnahme überhaupt fortgesetzt oder wiederholt werden soll.

Die Funktion der Legitimation

meint den oft von außen herangetragenen Anspruch, durch Evaluation eine Rechtfertigung von Aufwendungen zu geben (vergl. extrinsisch motivierte Evaluation).

2.5.4 Vorbereitung einer Evaluation

Zur **Vorbereitung einer Evaluation** sollten folgende Fragen geklärt sein:

Checkliste zur Vorbereitung von Evaluationsmaßnahmen

* Wer ist der Erhebende?
* Wo liegen die erkenntnisleitenden Interessen?
* Was muß der Evaluator über die Erhebungsfelder wissen?
* Wer ist der Empfänger (und Auswerter / Nutzer) der erhobenen Evaluation?
* Was sind die im Bereich der Maßnahme typischen Bedingungen, die zu berücksichtigen sind?
* Wie lange und wie oft soll (darf) eine Evaluation stattfinden?
* Welche Instrumente und Methoden können (wie oft) eingesetzt werden?

Folie © Horster

2.5.5 Die Handlungsebenen von Evaluation

Grundsätzlich lassen sich bei einer Maßnahme/einem Projekt vier verschiedene Handlungsebenen unterscheiden:

1) **die Entscheidungsebene** — Z.B. ein Beschluß der Lehrerkonferenz, sich im Kollegium alternative Unterrichtsformen anzueignen und diese künftig stärker zu praktizieren.

2) **die Planungsebene** — Z.B. die Planung einer kollegiumsinternen Fortbildungsmaßnahme "Alternative Unterrichtsformen"

3) **die Durchführungsebene** — Z.B. die Durchführung einer kollegiumsinternen Fortbildungsmaßnahme "Alternative Unterrichtsformen".

4) **die Umsetzungsebene.** — Z.B. die Praktizierung alternativer Unterrichtsformen im eigenen Unterricht.

2.5.5 Die Handlungsebenen der Evaluation

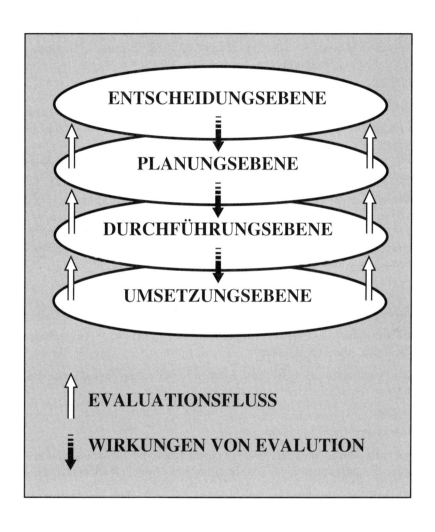

Bezogen auf eine kollegiumsinterne Fortbildungsmaßnahme zur Vermittlung alternativer Unterrichtsformen (siehe Beispiel S. 83), wäre das eigentliche Handlungsfeld von Evaluation die Umsetzungsebene, d.h. die Unterrichtspraxis der Lehrer/innen, die an der Fortbildungsmaßnahme teilgenommen haben. Da aber in diesem Bereich objektivierbare Messungen nur schwer möglich sind, wird sich Evaluation oft auf die Ebenen 1-3 (Entscheidung, Planung, Durchführung) beschränken müssen.

Was kann hier im einzelnen evaluiert werden?

In bezug auf die **Planung** eines schulinternen Entwicklungsvorhabens sind Erhebungen denkbar z.b. über Berufszufriedenheit, Kooperationsmöglichkeiten, Betriebsklima, Mitwirkungsmöglichkeit, Entscheidungsprozeß, Führungsstruktur, Unterrichtspraxis, außerunterrichtliche Aktivitäten, Kontakt zu den Schülern usw...

Hinsichtlich der **Durchführung** eines schulinternen Entwicklungsprojektes können Untersuchungen angestellt werden z.b. über die äußeren Bedingungen, Erwartungshaltungen, Motivationen, persönliche Befindlichkeiten, Gruppenentwicklungen, inhaltliche Resultate, Erreichung der Ziele, Entstehen neuer Wünsche usw...

2.5.6 Zu den Verfahren und Methoden der Evaluation

Im Mittelpunkt der Evaluation können die einzelne Person, die Gruppe oder die Sache / das Thema stehen.

Zur Durchführung einer Evaluation stehen verschiedene Methoden zur Verfügung, die unkompliziert und ökonomisch genutzt werden können.

* **Reflexionsgespräche** können kurzfristig durchgeführt werden und ermöglichen spontane Rückmeldungen.

* **Evaluationsformen mit gestalterischer Komponente** aktivieren durch ihren handlungsorientierten Charakter und visualisieren Rückmeldungen.

* **Schriftliche Befragungen** liefern differenzierte Ergebnisse und bieten zurückhaltenderen Teilnehmer/innen die Chance, ihre Meinung darzustellen.

Kommentar

Die Frage nach der Evaluation sollte nicht erst am Ende eines schulinternen Entwicklungsvorhabens gestellt werden: die Unterscheidung von summativer und formativer Evaluation macht deutlich, daß neben den Ergebnissen der Entwicklung ja auch der Prozeß selbst evaluiert werden kann, um evtl. die Möglichkeit zu haben, prozeßbegleitend nachzusteuern und die ursprüngliche Planung zu optimieren. Damit stellt sich aber zugleich auch die Frage nach den Kriterien, an denen der Erfolg des Entwicklungsvorhabens bemessen werden kann.sinnvollerweise wird die Frage nach den Erfolgkriterien bereits im Anschluß an die Projektplanung (siehe Aufgabenfeld 3) diskutiert. Hier bietet das Instrument des Ablaufdiagramms eine gute Grundlage. An ihm kann festgemacht werden, **welches Resultat** zu **welchem Zeitpunkt** vorliegen sollte und mit **welchen Verfahren** es erhoben werden kann.

Gegenüber der Konstruktion von Instrumenten für schriftliche Befragungen werden gelegentlich Vorbehalte geäußert: um auf diesem Wege verläßliche Daten zu erhalten, sei ein Spezialwissen erforderlich, das ohne ein entsprechendes Fachstudium nicht vorausgesetzt werden könne. Dieser Vorbehalt ist sicher zutreffend, wenn der Anspruch erhoben wird, das Erhebungsinstrument selbst müsse den testtheoretischen Gütekriterien von Objektivität, Validität und Reliabilität genügen. Im Rahmen eines schulinternen Entwicklungsvorhabens sind aber insofern andere Rahmenbedingungen gegeben, als hier ja kein Unterschied zwischen den die Daten erhebenden und den die Daten liefernden Personen vorliegt, vielmehr besteht eine Identität zwischen den "Forschern" und den "Erforschten" gemäß dem Prinzip der Selbstuntersuchung. Diese Tatsache bietet für die Datenerhebung große Vorteile.

Beispiel:In einer Erhebung ist das Statement **"Ich hatte ausreichend Gelegenheit zur Mitarbeit"** auf einer Fünferskala zu bewerten. Die quantitative Auswertung ergibt folgendes Resultat:

Ich hatte ausreichend Gelegenheit zur **Mitarbeit:**

trifft zu	6	9	5			trifft nicht zu
	1	2	3	4	5	

85

Wie ist dieses Ergebnis zu deuten? Für den außerhalb der Gruppe stehenden "Forscher" bieten sich zwei Alternativen an.

1. Möglichkeit: Da die Werte 4 und 5 nicht besetzt sind und die Nennungen bei 1 und 2 deutlich überwiegen, liegt ein hervorragendes Ergebnis vor: der Mittelwert 3 ist als schlechteste Bewertung lediglich von 25% der Teilnehmenden angekreuzt worden.

2. Möglichkeit: Da die Werte 4 und 5 nicht besetzt sind, haben die Teilnehmer der Erhebung (vielleicht aus Rücksichtnahme?) die Fünferskala für sich in eine Dreierskala umgedeutet. Im Klartext sähe dann das Ergebnis folgendermaßen aus:

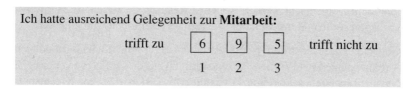

In diesem Fall wäre das Ergebnis als sehr mittelmäßig einzuschätzen: positiv- und negativ-Einschätzungen halten sich in etwa die Waage, die höchste Zahl der Nennungen liegt beim Mittelwert 2.

Welche dieser beiden Deutungen trifft zu? Die Antwort kann aus dem Ergebnis nicht abgeleitet werden; insofern kann man sagen, das Erhebungsinstrument selbst ist nicht valide. Im Rahmen eines schulinternen Entwicklungsvorhabens auf der Basis der Selbstuntersuchung kann dieses Problem aber relativ einfach gelöst werden: die Teilnehmer der Befragung können sich in einem Prozeß der **kommunikativen Validierung** über die Bedeutung des Ergebnisses gegenseitig verständigen.

Arbeitsmaterial: Verfahren und Methoden der Evaluation

Reflexionsgespräche

Blitzlicht

Die Teilnehmer/innen äußern sich **kurz** zu einer vorgegebenen Fragestellung, z.B.:

* Wie fühle ich mich zur Zeit?

oder

* Was hat mir die heutige Arbeit gebracht?

Alle Teilnehmer/innen geben nacheinander eine Stellungnahme ab, dürfen die Äußerungen der anderen aber nicht kommentieren. Eine Besprechung / Diskussion in der gesamten Gruppe kann sich anschließen. Das Blitzlicht eignet sich, um den Kommunikationsprozeß innerhalb einer Gruppe, besonders bei auftretenden Unklarheiten, zu thematisieren.

Heißer Stuhl

Die Leiter/innen stellen fünf Stühle in einen kleinen Innenkreis. Die Gruppe setzt sich in einen Außenkreis. Vier Teilnehmer/innen werden in den Innenkreis gebeten und aufgefordert, sich zum Stand bzw. Ablauf der Arbeit zu äußern. Der fünfte Stuhl bleibt zunächst frei. Teilnehmer/innen des Außenkreises können sich punktuell in die Diskussion einschalten, indem sie den fünften Stuhl besetzen, müssen aber dann wieder in den Außenkreis zurück.

Durch das Gespräch kommen die wesentlichen oder klärungsbedürftigen Aspekte zum Ausdruck. Alle finden Zugang zur Thematik, obwohl nur eine kleine Gruppe aktiv ist. Eine Besprechung / Diskussion in der gesamten Gruppe kann sich anschließen.

Evaluationsformen mit gestalterischer Komponente

Für die folgenden Verfahren benötigt man Flipcharts oder Packpapierbögen, Stifte, Klebepunkte.

Skalen

Mit Skalen kann das Meinungsbild der Gruppe veranschaulicht werden, z.B.:

Wohlbefinden: |————————————————|
       0   100

Mißbehagen:
       |————————————————|
       klein   groß

Nutzen der Arbeit:

| 1 | 2 | 3 | 4 | 5 |

| -2 | -1 | 0 | 1 | 2 |

| - - | - | 0 | + | ++ |

| - - | - | + | ++ |

Polarisierungen auf "ja" und "nein" können vermieden werden.

Koordinaten

Koordinaten bieten die Möglichkeit, zwei Dimensionen miteinander zu verknüpfen, z.B.:

Spaß und Erfolg der Arbeit:

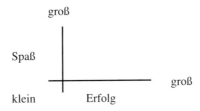

Andere Stichworte könnten z.B. heißen "Aktivierung" und "Lernzuwachs".

An das Ausfüllen der Grafik kann sich eine Besprechung / Diskussion in der Gruppe anschließen.

Stummes Schreibgespräch

Große Plakate mit mehreren Fragen / Aspekten werden auf Tischen ausgelegt, z.B.:

* Die Arbeit in unserer Gruppe...

* Ich profitiere heute von...

* Ich hätte heute gerne...

Die Teilnehmer/innen gehen um die Plakate herum und nehmen schriftlich Stellung. Aufgeschriebene Antworten können kommentiert und ergänzt werden. Gespräche sind nicht erlaubt. Eine Besprechung / Diskussion der Statements in der Gruppe kann sich anschließen. Die Tische müssen so aufgebaut werden, daß die Teilnehmer/innen herumgehen können.

Schriftliche Befragungen

Wenn Sie einen Fragebogen entwerfen, überlegen Sie vorher:
* Was muß ich unbedingt wissen? (Was geht mich nichts an?)
* Wie formuliere ich die Frage, damit ich eine Antwort genau auf meine Frage bekomme?
* Welche Antwortmöglichkeiten biete ich an? (Einschätzskala, Entscheidungsfrage, Multiple Choice, offene Antwortmöglichkeit)
* Wie nehme ich dem Fragebogen seinen streng formalen Charakter?
* Wie helfe ich den Teilnehmer/innen beim Ausfüllen des Fragebogens? (Anleitung, eingestreute Hinweise, Layout des Fragebogens)

Beispiele für Antwortmöglichkeiten

Skalierte Frage

Die Teilnehmer beantworten eine Frage durch Ankreuzen auf einer Einschätzskala, z.B. " Wissenschaftliche Grundlagen sind für meine Arbeit sehr wichtig."

trifft nicht zu ☐ ☐ ☐ ☐ ☐ ☐ ☐ trifft zu

-3   -2   -1   0   +1   +2   +3

Entscheidungsfrage
"Sind Sie Mitglied der Schulleitung?"
ja	
nein	

Multiple-Choice-Frage
"Welches ist Ihr fachlicher Schwerpunkt in der Arbeitslehre?"

Haushaltslehre: ☐
Technik: ☐
Wirtschaftslehre: ☐

Offene Antwortmöglichkeit
"Bitte schreiben Sie in Stichworten auf, was Ihnen an der Maßnahme gefallen bzw. nicht gefallen hat."
Mir hat gefallen: _____
_____

Mir hat nicht gefallen: _____
_____

Bei der Anfertigung von Kartenabfrage und Merkmaleprofil

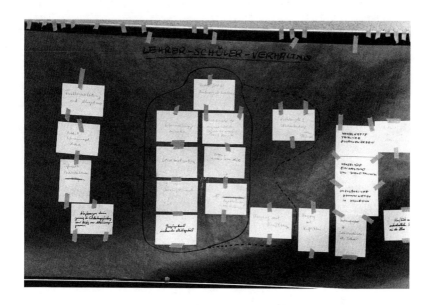
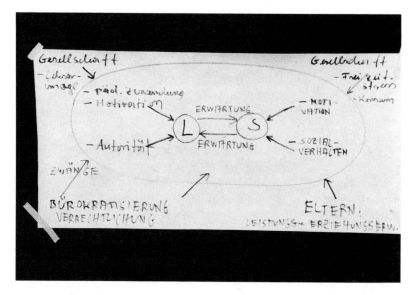

Merkmaleprofile in unterschiedlichen Darstellungen

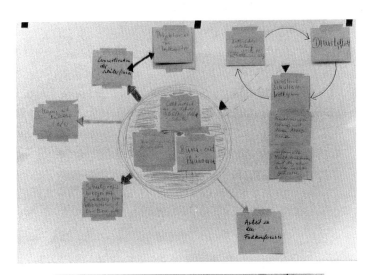

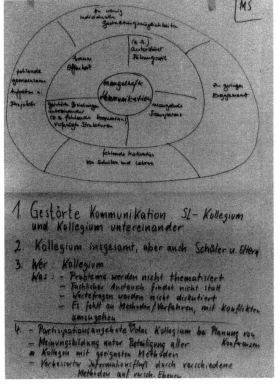

Merkmaleprofil und Problemformulierung

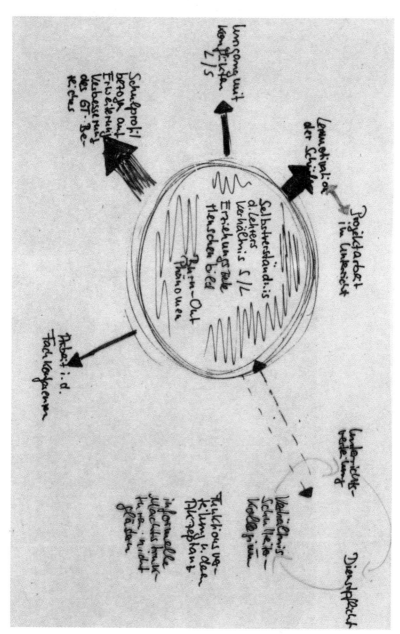

94 *Merkmaleprofil als Plakat*

2.6 Widerstand gegen Wandel

Zum Abschluß dieses Kapitels soll ein mögliches Mißverständnis aufgegriffen werden, das sich bei der Lektüre eingestellt haben könnte. Das Mißverständnis lautet: "Wenn ich nur die in den fünf Aufgabenbereichen vorgestellten Verfahren und Arbeitsanweisungen korrekt befolge, können in einem schulinternen Entwicklungsvorhaben keine gravierenden Probleme und Konflikte auftreten." Nichts wäre schädlicher als eine solche Annahme.

Wer sich mit realistischen Erwartungen auf ein Entwicklungsvorhaben einläßt, muß immer auch mit Widerständen rechnen, die von den beteiligten Personen ausgehen können. Entscheidend ist, welche Einstellung man diesen Widerständen entgegenbringt. Betrachtet man sie als bloße Störfaktoren für das eigene - doch so gut gemeinte - Vorhaben, verkennt man, daß der eigene Interessensstandpunkt ja zunächst einmal nicht besser legitimiert ist, als der widerstreitende Standpunkt. Vielleicht habe ich ja in meinem Interesse an Entwicklung bestimmte Aspekte übersehen, die eher für ein Beharren sprechen? Kann es nicht sein, daß sich im Widerstand gegen Wandel ein bestimmter Wert artikuliert, der bislang nicht angemessen berücksichtigt worden ist? Widerstand gegen Wandel kann in diesem Sinne also ein Signal sein, das die Initiatoren eines Entwicklungsprozesses auf bislang noch nicht hinreichend berücksichtigte Werte und Interessen aufmerksam macht. In diesem Fall sollte das geplante Entwicklungsvorhaben kritisch daraufhin befragt werden, ob und wie es entsprechend modifiziert werden kann.

Ein einfach einzusetzendes Instrument, um denkbare Widerstände schon im Vorfeld eines Entwicklungsvorhabens etwas systematischer zu erfassen, ist die Kräftefeldanalyse (siehe Kap.4, S. 157). Bei dem Versuch einer Bearbeitung von Widerständen sollte man sich aber bewußt sein, daß widerstreitende Auffassungen zu einem bestimmten Thema im Zusammenhang mit Organisationswandel nicht einfache "Oberflächenphänomene" darstellen.

Widerstand gegen Wandel kann sich aus unterschiedlichen Quellen speisen. Die Psychologin Gudrun SCHULZ-WENSKI führt in diesem Zusammenhang aus:

"LUHMANN weist im Kontext von Organisationswandel (...) darauf hin, daß sich durch das Handeln in formalen Rollen eine "Selbstdarstellungsgeschichte" ausbildet. Wenn sich in diesem Zusammenhang mit einer geplanten Veränderung der Arbeit Widerstand gegen diesen Wandel entwickelt, ist er auch als Widerstand gegen eine Veränderung der Rollenerwartung zu verstehen, die die Selbstdarstellungsgeschichte rückwirkend umakzentuieren und ggf. entwerten würde (1). Das bedeutet, daß bei Veränderungen im Arbeitsbereich der Wert der bisher geleisteten Arbeit und die Einschätzung der bisherigen Rolle auf dem Spiel steht. Ähnliches gilt auch bei Veränderung des "Profils" der Schule. Auch hier kann durch Umakzentuierung des vertrauten Bildes der Schule die eigene Arbeit in größerem Umfang entwertet werden. Bei dem Umgang mit diesen Themen ist daher entscheidend, die bisherige Praxis respektvoll zu behandeln und ihren Wert zu einem bestimmten Entwicklungszeitpunkt der Organisation zu betonen.

Eine weitere Quelle für Widerstand gegen Wandel benennt die Psychoanalyse. Aus psychoanalytischer Sicht ist er als Widerstand gegen Veränderungen von Regulationen zu verstehen, die Angst kanalisieren. Das bedeutet, daß in Organisationen eingespielte Formen des Umgangs mit Problemen existieren, mit denen sich das Kollegium eingerichtet hat, und die durch ihre Vertrautheit Sicherheit geben. Das können auch vertraute Streitformen sein, bei denen sich die Funktion, Angst in bestimmten Grenzen zu halten, in immer wiederkehrenden Abläufen zeigt. Gerade das Thema des Umgangs mit Konflikten löst daher Widerstand aus, weil durch die Veränderung der vertrauten Konfliktbearbeitung nicht abgeschätzt werden kann, wieviel an Angst neu entsteht. Vertrautes Leiden ist zunächst leichter zu ertragen. Für den Umgang mit Angst gibt es keine einfachen Methoden, weil Angst sich sich nicht logisch beseitigen läßt. Wesentlich ist aber das Wissen um Angst als mögliche Quelle von hartnäckigem Widerstand, weil Argumentieren oder sogar Streiten an solchen Quellen den Widerstand eher verstärkt und Kraft ohne Erfolg bindet. Probleme, die diesen Hintergrund haben, lassen sich nicht institutionell lösen. Sie können aber dadurch abgemildert werden, daß z.B. Veränderungen mit der Möglichkeit geplant werden, nach einer bestimmten Zeit überprüft und zurückgenommen zu werden. " (2)

Eine weitere denkbare Quelle von Widerstand gegen Wandel kann man in einem Phänomen sehen, das mit unterschiedlichen Begriffen wie "Subjektive Theorien", "Implizite Theorien" oder auch "Alltagstheorien" bezeichnet wird.

---

(1) **N.Luhmann: Funktionen und Folgen formaler Organisationen,** Berlin 1972, S. 145

(2) **G. Schulz-Wenski: Psychologische Probleme eines Schul-Bildes**, Manuskript September 1991, S. 4 f.

"Die Subjektiven Theorien erfüllen für ihren Autor - also für den Subjektiven Theoretiker - prinzipiell vergleichbare Funktionen wie es wissenschaftliche Theorien für einen Wissenschaftler oder Forscher tun, sie dienen nämlich der Erklärung, der Prognose und der Technologie. (...) Subjektive Theorien werden somit über eine angenommene Strukturparallelität zu den wissenschaftlichen bzw. "objektiven" Theorien bestimmt." (1)

Unter Subjektiven Theorien versteht KROATH " eine Ansammlung von Kognitionen, die aus der subjektiven Erfahrung des täglichen Erlebens und Handelns im Unterricht entstanden sind. Sie steuern, begleiten und rechtfertigen das Handeln des Lehrers im Unterricht. Sie bestehen im Kern aus:

- verschiedenen Formen von Wissen (Erfahrungs- bzw. Handlungswissen, Regelwissen, theoretisches Wissen, Begründungswissen etc.),
- subjektiven Interpretationen von Unterrichtswirklichkeit (naiven bis logisch-kausalen Schlußfolgerungen über Handlungswirkungen, Wenn-Dann-Hypothesen),
- Überzeugungen und Bewertungen.

Entscheidend an Subjektiven Theorien ist ihre handlungsleitende Relevanz." (2)

Als Beispiel für Subjektive Theorien von handlungsleitender Relevanz mag ein Satz dienen, wie er sich häufiger in Unterrichtsentwürfen von Referendaren findet:

"Bei Lernschwierigkeiten der Schüler werde ich den Unterricht kleinschrittig führen."

An einen derartigen Satz sind in der Regel entsprechende Handlungsroutinen gekoppelt. Im Sinne des Konzeptes der Subjektiven Theorien kann man sich das Entstehen der Kopplung so vorstellen, daß der Autor des Satzes in der Vergangenheit bestimmte Lernschwierigkeiten von Schülern durch das Verhalten "kleinschrittige Unterrichtsführung" erfolgreich behoben hat. Dieser Erfolg führt zu einer **Generalisierung** des in einer **bestimmten Situation** als

---

(1) **J. Schlee und D. Wahl: Grundriß des Forschungsprogramms "Subjektive Theorien"**. In: J. Schlee/H. Wahl (Hg.), Veränderung subjektiver Theorien von Lehrern. Oldenburg 1987, S. 5 f.

(2) **F. Kroath: Möglichkeiten und Grenzen der Darstellung und Veränderbarkeit Subjektiver Theorien von Lehrern**. Zwei gegensätzliche Fallbeispiele zur Modifikation von Subjektiven Unterrichtstheorien. In: J. Schlee/H. Wahl (Hg.), Veränderung subjektiver Theorien von Lehrern. Oldenburg 1987, S. 56 f.

erfolgreich erlebten Zusammenhanges, so daß künftig Lernschwierigkeiten von der Lehrperson als Signal für die Notwendigkeit einer kleinschrittigen Unterrichtsführung verstanden werden. Lernschwierigkeiten von Schülern können aber offenbar ganz unterschiedliche Ursachen haben, für deren Bewältigung eine kleinschrittige Unterrichtsführung nicht unbedingt das angemessene Verhalten darstellt. Entsprechend wird ein Referendar, der nach der genannten Maxime handelt, in Situationen geraten, in denen sich seine Alltagstheorie über die Wirksamkeit kleinschrittiger Unterrichtsführung bei Lernschwierigkeiten der Schüler als untauglich herausstellt, weil sie auf unzureichenden Annahmen über **die Ursachen** von Lernschwierigkeiten beruht. Der Rat eines Ausbilders, vielleicht ein anderes Verhalten beim Auftreten von Lernschwierigkeiten zu zeigen, wird so lange nicht oder nur schwer akzeptiert, wie nicht die impliziten Argumentationsketten, die in der genannten Subjektiven Theorie enthalten sind, herausgearbeitet und ihre möglichen Defizite (z.B. im Hinblick auf die Vielfalt denkbarer Ursachen von Lernschwierigkeiten) aufgedeckt sind. Bewegt sich der Ausbilder lediglich auf der Ebene, alternative Verhaltensmuster anzubieten, ohne dem Referendar eine Möglichkeit zu schaffen, die hinter seiner (partiell) untauglichen Handlungsroutine (kleinschrittige Unterrichtsführung) liegenden Annahmen und Argumentationsketten aufzudecken, löst der Ausbilder beim Referendar Widerstand gegen Wandel aus: er wird im günstigsten Fall angepaßtes Verhalten bei späteren Unterrichtsbesuchen erzeugen, aber nicht die Handlungskompetenz des Referendars wirklich erweitert haben.

Konflikte der geschilderten Art, die ihren Ursprung in unterschiedlichen Subjektiven Theorien der Konfliktparteien haben, kommen selbstverständlich nicht nur in Ausbildungssituationen vor, sie betreffen ebenso die Zusammenarbeit im Kollegium sowie die Beziehungen zwischen Schulleitung und Kollegium.

Ein mögliches Verfahren, Subjektive Theorien hinter den Handlungsweisen von Personen aufzudecken, besteht darin, Satzanfänge vervollständigen zu lassen. (Siehe S. 105) Ein Satzanfang kann z.B. lauten: "Um Unterrichtsstörungen zu beseitigen, sollte man..." Wenn mehrere Personen je für sich diesen Satz fortsetzen und man anschließend die Fortsetzungen vergleicht, wird man ein relativ breites Spektrum unterschiedlicher bis kontroverser Lösungsvorschläge finden. Somit deckt das Verfahren zunächst einmal einen Dissens in einem wichtigen erzieherischen Bereich auf, der anders möglicherweise verdeckt geblieben wäre. In einem zweiten Schritt kann man die beteiligten Personen auffordern, die hinter ihren Lösungen liegenden Argumentationsstrukturen offenzulegen. Der nun zu vervollständigende Satz lautet: "Ich habe mich für meinen Vorschlag entschieden, weil..." Dieses Vorgehen führt über das Aufdecken von bislang verborgenen Argumentations- und Kausalketten zu den Erfahrungsbeständen, aus denen sich das jeweilige Verhalten speist. Die Erfahrungsbestände können nun in einem dritten Schritt verglichen und im Hinblick auf ihre generalisierbaren Anteile diskutiert werden. So werden z.B. Verhaltensmaximen, die von ihrer Oberflächenstruktur her als beziehungslos bis widersprüchlich erscheinen, vor dem Hintergrund ihrer Entstehungsbedingungen vergleichbar und im Hinblick auf ihren Geltungsbereich kalkulierbar.

Die hier geschilderten Verfahrensschritte können in konfliktträchtigen Bereichen vergleichsweise einfach eingesetzt werden, um die hinter kontrovers geäußerten Positionen bzw. praktizierten Verhaltensweisen liegenden Annahmen, Erfahrungen und Werthaltungen aufzudecken und kommunizierbar zu machen, die anderenfalls verdeckt bleiben und das Handeln der Personen unversöhnlich aufeinanderprallen lassen.

Eine differenziertere Untersuchung zu Störungen und Konflikten in Entwicklungsprozessen findet sich in: L. Horster, Störungen bearbeiten. Der Entwicklungsprozeß als Störpotential. Soest 1995

Literatur

R. Berger / W. Borkel: Grundwissen Betriebsorganisation, Wilhelm Heyne Verlag, München 1988

Brauneck, Brönstrup, Horster, Rottmayer: Beiträge zur Methodik der Lehrerfortbildung, LSW, Soester Verlagskontor 1990

H. Kleingeist, W. Schuldt: Gemeinsam Schule machen, Soester Verlagskontor 1990

F. Kroath: Möglichkeiten und Grenzen der Darstellung und Veränderbarkeit Subjektiver Theorien von Lehrern. Zwei gegensätzliche Fallbeispiele zur Modifikation von Subjektiven Unterrichtstheorien. In: J.Schlee/H.Wahl (Hg.), Veränderung subjektiver Theorien von Lehrern. Oldenburg 1987, S. 56 f.

N. Luhmann: Funktionen und Folgen formaler Organisationen, Berlin 1972

J.W. Pfeiffer/J.E. Jones: Arbeitsmaterial zur Gruppendynamik 5, BCS, Gelnhausen/Berlin, Freiburg i.Br., Stein bei Nürnberg

E. Philipp: OE-Verfahren: Selbstuntersuchung. In: Schulleitungsseminar - Grundkurs Organisationsentwicklung, Heft 2.1, Soest 1986

P. Rinza: Projektmanagement. Planung, Überwachung und Steuerung von technischen und nichttechnischen Vorhaben, VDI-Verlag, Düsseldorf 1976

H.-G. Rolff: Die Stunde der Schulentwicklungsplanung, sm 3/72, S.5ff

H.-G. Rolff, K. Klemm, G. Hansen: Die Stufenschule. Ein Leitfaden zur kommunalen Schulentwicklungsplanung, Ernst Klett Verlag Stuttgart

J. Schlee und D. Wahl: Grundriß des Forschungsprogramms "Subjektive Theorien". In: J.Schlee/H.Wahl (Hg.): Veränderung subjektiver Theorien von Lehrern. Oldenburg 1987, S. 5 f.

Schulleitungsseminar: Grundkurs "Organisationsentwicklung", Heft 2.1, LSW Soest 1986

G. Schulz-Wenski: Psychologische Probleme eines Schul-Bildes, Manuskript September 1991

W.H. Staehle: Management. Eine verhaltenswissenschaftliche Perspektive, Verlag Franz Vahlen, München 1989

Ch. Wulf (Hg.): Evaluation, Piper Verlag München 1972

3. Einen schulinternen Entwicklungsprozeß initiieren

In den vorangegangenen Kapiteln sind Verfahren und Instrumente vorgestellt worden, die in einem schulinternen Entwicklungsvorhaben eingesetzt werden können. Bislang ist aber die Frage, wie denn ein Entwicklungsprozeß überhaupt in Gang kommen kann und welche besonderen Auswirkungen er auch auf das Beziehungsgeflecht in einem Kollegium haben mag, weithin unerörtert geblieben, ebenso wie die Frage nach seinen inhaltlichen Schwerpunkten. Dem soll nun nachgegangen werden: insofern ist eine Lektüre dieses Kapitels vor einer praktischen Erprobung einzelner Methoden und Entwicklungsschritte unerläßlich. Am Ende des Kapitels finden sich überdies einige Hinweise, die zu einer Reflexion darüber anleiten, ob ein Entwicklungsvorhaben selbständig durchgeführt werden kann oder ob es vielleicht sinnvoller ist, sich externer Unterstützung zu vergewissern.

3.1 Wie kann ein schulinterner Entwicklungsprozeß beginnen?

In allen Kollegien gibt es Lehrer und Lehrerinnen, die sich engagiert mit ihrem Arbeitsplatz Schule auseinandersetzen. Es mangelt nicht an Ideen und Vorschlägen, um sich in den vielfältigen Bereichen pädagogischen Handelns auf neue Anforderungen einzustellen. Oftmals bleiben aber derartige Ideen praktisch folgenlos, jedoch nicht, weil etwa der gute Wille fehlte, sich für sie einzusetzen, sondern weil das Kollegium nicht hinreichend die Notwendigkeit bedenkt, neue Denkanstöße auch zu institutionalisieren: d.h. sie in Zielvereinbarungen zu konkretisieren, eine entsprechende Projektplanung zu entwerfen, Personen mit ihrer Durchführung zu betrauen und Kriterien zu definieren, an denen sich eine erfolgreiche Realisierung bemessen läßt.

Der übliche Weg, in einer Schule Neuerungen durchzusetzen, besteht oft darin, einen entsprechenden Antrag zu formulieren. In der inhaltlich zuständigen Konferenz kommt es darüber zu einer vielleicht heftigen Diskussion zwischen den Vertretern unterschiedlicher Standpunkte. Wird schließlich in der Abstimmung der Antrag angenommen, halten seine Verfechter dies wahrscheinlich für einen Erfolg ihrer Bemühungen. Dabei müßten jetzt erst die eigentlichen Anstrengungen zur Verwirklichung des Vorhabens beginnen. Mit dem Abstimmungserfolg in der Konferenz ist ja meistens noch nichts geklärt.

Wenn ein Kollegium beispielsweise beschlossen hat, verstärkt neue Unterrichtsformen einzusetzen, ist dies zunächst einmal lediglich eine Absichtserklärung. Um wirklich die unterrichtliche Praxis zu verändern, müßten viele Fragen geklärt werden. Was hat z.B. das Kollegium bislang gehindert, solche Formen zu praktizieren? Ist das Kollegium nicht hinreichend informiert oder haben eher strukturelle Bedingungen den Einsatz neuerer Unterrichtsformen behindert? Wenn das Kollegium hinsichtlich neuerer Unterrichtsformen einen Informationsbedarf hat, wer sorgt dann für ein entsprechendes Fortbildungsangebot? Wie und durch wen können günstigere Rahmenbedingungen für eine veränderte Unterrichtspraxis geschaffen werden? Hat die Entscheidung für eine veränderte Unterrichtspraxis Konsequenzen für den Bereich der Lehr- und Lernmittel? Wie können diese umgesetzt werden? Schließlich: Gibt es Kriterien, anhand derer entschieden werden kann, ob sich tatsächlich etwas an der Unterrichtspraxis des Kollegiums geändert hat?

Bereits diese kurze Übersicht macht deutlich, daß der Beschluß einer Konferenz allenfalls den Beginn einer Entwicklung darstellt. Möglichst viele Personen sollten in diesen Prozeß einbezogen werden: um ihre unterschiedlichen Kompetenzen zu nutzen, um das Arbeitspensum für jede beteiligte Person in einem zumutbaren Umfang zu halten, um eine möglichst breite Identifikation des Kollegiums mit dem Projekt zu sichern, schließlich um tatsächlich eine veränderte Praxis zu bewirken.

Die bloße Abstimmung über einen Antrag in einer Konferenz wird die meisten dieser Effekte wahrscheinlich nicht erreichen. Überdies: wenn über eine Frage kontrovers diskutiert und abgestimmt worden ist, wird es in aller Regel schwerfallen, die unterlegene Partei zu einer Mitarbeit für das mehrheitlich beschlossene Projekt zu gewinnen.

Aus diesen Überlegungen können verschiedene **Bedingungen für einen erfolgreichen Einstieg in ein schulinternes Entwicklungsvorhaben** abgeleitet werden.

3.1.1 Der Wunsch nach Veränderung

Vielfältige Faktoren können den Wunsch nach Veränderung in einem Kollegium wecken. Vielleicht haben einzelne Lehrer und Lehrerinnen zunehmend das Gefühl, in Alltagsroutine zu erstarren, die Schüler und Schülerinnen mit den Lernangeboten nicht mehr zu erreichen. Vielleicht treten verstärkt Disziplinprobleme auf, die von den Lehrpersonen mit ihrem bisherigen Verhaltensrepertoire nicht mehr bearbeitet werden können. Möglicherweise entsteht aber auch der Eindruck, daß zunehmend alle aneinander vorbei arbeiten. Jeder folgt nur noch seinen eigenen Vorstellungen, ohne Abstimmung mit den übrigen Kollegiumsmitgliedern. Die Schüler und Schülerinnen finden hierin nicht mehr die notwendige Orientierung. Vielleicht hat aber auch die Schule eine neue Leiterin bekommen, die Ideen mitbringt, wie die schulische Arbeit neue pädagogische Impulse bekommen kann. Wer immer unter den genannten oder auch völlig anderen Bedingungen den Wunsch verspürt, eine Veränderung der bestehenden Verhältnisse herbeizuführen, wird - unabhängig von seiner Stellung als Kollegiums- oder Schulleitungsmitglied - zunächst versuchen, weitere Personen zu finden, die ähnlich motiviert sind.

3.1.2 Bildung einer Initiativgruppe

Die Personen, die daran interessiert sind, innerhalb ihrer Schule etwas zu ändern und einen innerschulischen Entwicklungsprozeß einzuleiten, werden sich in einem ersten Schritt zu einer informellen Initiativgruppe zusammenfinden. Deren Aufgabe wird darin bestehen, zunächst einmal die Motive und Ziele der in der Initiativgruppe zusammenarbeitenden Personen zu klären und auf gegenseitige Vereinbarkeit zu prüfen. Der Wunsch nach Veränderung kann ja durchaus inhaltlich höchst unterschiedlich ausgeformt sein, und auch die Tatsache, daß in einer Gruppe von Kollegiumsmitgliedern die gemeinsame Absicht besteht, man müsse an einem bestimmten Thema (z.b. "Schulprogramm", siehe S. 112) arbeiten, besagt ja noch nicht, daß alle schon über die gleiche Vorstellung verfügen, was denn unter diesem Thema zu verstehen sei, bzw. zu welchem Zweck dieses Thema zu bearbeiten sei. Würde bereits vor einer entsprechenden Klärung ein Antrag an die Lehrerkonferenz gestellt, am "Schulprogramm" der Schule zu arbeiten, würden dadurch zu diesem Zeitpunkt allenfalls Unsicherheit und Verwirrung auch in dem Personenkreis ausgelöst, der prinzipiell einem derartigen Vorhaben günstig gegenübersteht.

Ein einfaches Verfahren, um zu einem gegebenen Thema die in einer Gruppe vorhandenen Gemeinsamkeiten und Unterschiede zu überprüfen, besteht in der Vervollständigung von Satzanfängen. Bezogen auf das Vorhaben "Arbeit am Schulprogramm" könnte dies auf folgende Weise ablaufen:

Der zu vervollständigende Satz lautet:"Ich halte die Arbeit am Schulprogramm für wichtig, weil..."

1. Schritt: Jedes Mitglied der Initiativgruppe notiert auf Aktionskarten, wie es sich die Fortsetzung des Satzes denkt. Wieviele Fortsetzungen jedes Mitglied notieren will, bleibt ihm überlassen: es gibt keine Beschränkungen. Um später mit den Karten besser arbeiten zu können, wird auf einer Karte jeweils nur eine Fortsetzung notiert.

2. Schritt: Alle Karten werden auf einem Tisch ausgelegt. Die Gruppe sichtet die Karten und ordnet sie nach Themenfeldern. Dabei kann es hilfreich sein, Rückfragen zu stellen, wenn der Inhalt einzelner Karten nicht eindeutig formuliert ist. Auf diese Weise gibt es einen ersten Gesprächsanlaß. Wenn alle Karten eindeutig nach Themenfeldern / Schwerpunkten geordnet sind,

Ich halte die Arbeit am Schulprogramm für wichtig, weil...

Identifikation mit der Schule	verbesserte Außendarstellung	konsequentere pädagogische Arbeit	bessere Motivation des Kollegiums
weil... weil...	weil... weil...	weil... weil...	weil... weil...
weil... weil...	weil... weil...	weil... weil...	weil... weil...
weil... weil...	weil...	weil... weil...	weil... weil...
weil... weil...	weil...	weil...	weil...

kann man sie auf eine Packpapierbahn kleben, die einzelnen Schwerpunkte durch eine entsprechende Überschrift kennzeichnen und auch noch den Satzanfang hinzufügen, von dem die Überlegungen ausgegangen sind. Man erhält dann ein Plakat, das die Beiträge eines jeden Gruppenmitgliedes dokumentiert und das auch in weiteren Arbeitsschritten genutzt werden kann.

3.Schritt: Die Mitglieder der Initiativgruppe diskutieren das Ergebnis aus Schritt 1 und 2: Sind die Vorstellungen der einzelnen Gruppenmitglieder miteinander zu vereinbaren? Gibt es überraschende Aspekte des Themas? Will sich die Gruppe für alle Dimensionen des Themas einsetzen oder vorläufig mit einer Dimension beginnen? Mit welcher?...

3.1.3 Erweiterung der Initiativgruppe

Hat die Initiativgruppe für sich das Thema geklärt, sollte darüber nachgedacht werden, durch welche weiteren Personen die Arbeit in der Initiativgruppe verbreitert werden kann. Dieser Schritt ist - je nach der bisherigen Zusammensetzung der Initiativgruppe - aus unterschiedlichen Gründen wichtig.

Fall a) Die Initiativgruppe besteht aus Mitgliedern des Kollegiums

In diesem Fall handelt es sich wahrscheinlich um Personen, die auch sonst schon in anderen Fragen zusammenarbeiten: vielleicht gehören sie auch demselben Berufsverband an. Es sollte überlegt werden, ob dann nicht das inhaltliche Anliegen der Initiativgruppe in der Wahrnehmung der anderen

Kollegiumsmitglieder als Sache einer bestimmten "Fraktion" erscheinen und so Widerstand hervorrufen könnte.

Die Initiativgruppe sollte darüber nachdenken, ob nicht Kollegiumsmitglieder aus anderen (in)formellen Gruppen in die Arbeit einbezogen werden können. Dies würde die Basis im Kollegium verbreitern und bereits im Vorfeld einer Entscheidung durch die Lehrerkonferenz für eine größere Akzeptanz sorgen, auch könnten durch Vertreter anderer Gruppen des Kollegiums neue inhaltliche Aspekte beigetragen werden, die bislang noch nicht berücksichtigt worden sind. (Siehe hierzu auch "Widerstand gegen Wandel", Kap. 2, S.95)

Weiterhin sollte bedacht werden, daß für das Gelingen von Neuerungen die Person des Schulleiters/der Schulleiterin von entscheidender Bedeutung ist. Seine Zustimmung oder Ablehnung, das zeigen empirische Studien, entscheidet letztlich über Erfolg oder Mißerfolg des Vorhabens. Deshalb sollte eine Initiativgruppe, die ein bestimmtes inhaltliches Anliegen verfolgt, rechtzeitig Kontakt zur Schulleitung herstellen, um ihr Vorhaben abklären zu können, vielleicht sogar, um für die Mitarbeit eines Schulleitungsmitgliedes in der Initiativgruppe werben zu können. Dies ist auch darum wichtig, weil die Schulleitung bereits im Vorfeld einer Entscheidung Gelegenheit haben sollte, ihre Einstellung hierzu zu klären und gegebenenfalls positiv zu modifizieren. Wird erst in der Entscheidungssituation die Schulleitung mit dem neuen Vorhaben konfrontiert, schränkt das u.U. deren Bewegungsspielraum zum Nachteil des geplanten Projektes ein.

Fall b) Die Initiativgruppe besteht aus Mitgliedern des Schulleitungsteams

In diesem Fall ist zu überlegen, ob nicht das geplante Projekt als eine weiteres Anliegen der Schulleitung erscheint, das dem Kollegium mal wieder zusätzliche Arbeit abverlangt. Die Mitglieder des Schulleitungsteams sollten überlegen, ob nicht die Möglichkeit besteht, Angehörige des Kollegiums zur Mitarbeit zu gewinnen. Hierbei könnte es sich zum einen um Mitglieder des Lehrerrates handeln. Eine ausschließliche Beschränkung auf diesen Personenkreis sollte aber vermieden werden, um den Lehrerat in der Wahrnehmung des Kollegiums nicht dem Verdacht der "Komplizenschaft" mit der Schulleitung auszusetzen. Es empfiehlt sich, darüber hinaus auch noch Vertreter unterschiedlicher Gruppierungen aus dem Kollegium in die Arbeit einzubeziehen. Unabhängig davon aber, ob die Initiativgruppe eher den Typus (a) oder (b) repräsentiert, bei jeder personellen Erweiterung sollte daran gedacht werden, daß die neu hinzugezogenen Personen nicht einfach nur das Reservoir der Befürworter des angestrebten Projekte erweitern, sondern auch eigene Interessen und Ideen mit einbringen können/wollen. Das bedeutet, die von der Initiativgruppe anfänglich getroffenen inhaltlichen Klärungen und Abstimmungen können nicht unbefragt zur "Geschäftsgrundlage" für die weitere Arbeit erklärt werden, sondern den neuen Mitgliedern der Initiativgruppe muß Gelegenheit gegeben werden, ihre eigenen Zielvorstellungen und Sachbeiträge einzubringen, auch wenn dies u.U. zu einer erheblichen Modifikation der ursprünglichen Planung führen sollte.

3.1.4 Vorstellen der Ideen im Kollegium

Ist die Arbeit soweit gediehen, kann daran gedacht werden, sie in das Kollegium zu tragen. Bevor es aber zu einer förmlichen Vorstellung und Abstimmung in der Lehrerkonferenz kommt, sollten einige vorbereitende Schritte getan werden, um das Kollegium an das geplante Vorhaben heranzuführen, seine diesbezüglichen Fragen kennenzulernen und evtl. vorhandene Einwände oder auch Modifizierungsvorschläge aufgreifen zu können (Siehe: "Widerstand gegen Wandel", Kap. 2, S. 95). Hierzu können verschiedene Mittel eingesetzt werden. So kann beispielsweise das geplante Vorhaben durch einen Aushang/Plakat im Lehrerzimmer vorgestellt werden. Möglicherweise kann in diesem Zusammenhang auch auf das Plakat "Satzanfang vollenden" zurückgegriffen werden: es könnte dazu beitragen, die Genese des Projektes zu verdeutlichen. Begleitend könnte ein Informationsblatt mit detaillierteren Ausführungen an alle Kollegiumsmitglieder verteilt werden. Auf jeden Fall aber sollten die Mitglieder der Initiativgruppe viele informelle Gespräche mit den Mitgliedern des Kollegiums führen, um ein breites Spektrum von inhaltlichen Rückmeldungen zu erhalten, die bei der Planung des Projektes verarbeitet werden können. Vielleicht kann die Initiativgruppe auch, um diesen Prozeß zeitlich einzugrenzen, das Kollegium zu einer informellen Gesprächsrunde einladen. Danach kann daran gedacht werden, das Thema auf einer Lehrerkonferenz zu behandeln. Allerdings sollte hier noch nicht abschließend über das Thema beraten werden: hierzu sind die meisten Lehrerkonferenzen ungeeignet, weil der zur Verfügung stehende Zeitraum für eine ausführliche Auseinandersetzung des gesamten Kollegiums mit einem derartigen Projekt in der Regel zu knapp ist. Die Meinungsbildung in der Lehrerkonferenz sollte sich darauf beschränken, die Initiativgruppe zu beauftragen, eine pädagogische Konferenz vorzubereiten, in der das Projekt unter größtmöglicher Beteiligung des gesamten Kollegiums diskutiert und einer Beschlußfassung zugeführt werden kann.

3.1.5 Vorbereitung einer Pädagogischen Konferenz

Entschließt sich das Kollegium zur Durchführung einer pädagogischen Konferenz, so kann diese im Zusammenhang des bisherigen Prozesses vornehmlich zwei Zielen dienen:

a. der Problem- und Zielklärung innerhalb des Kollegiums,

b. der Bildung einer Steuergruppe, die das vom Kollegium angestrebte Projekt im Detail zu planen und zu koordinieren hat.

Hinsichtlich der Problem- und Zielklärung ist zu bedenken, daß das Kollegium nicht einfach die bisherigen Überlegungen der Initiativgruppe aufgreifen und fortführen kann. Die Initiativgruppe hat ja im Rahmen ihrer bisherigen Arbeit vielfältige Diskussionen geführt, unterschiedliche Standpunkte kennengelernt und sich hierzu eine Meinung gebildet. Mit dieser inhaltlichen Arbeit ist ein Gruppenprozeß einhergegangen, in dem die einzelnen Mitglieder sich in bezug auf das bearbeitete Thema neu kennengelernt haben und in dem innerhalb der Gruppe bestimmte Kommunikationsformen etabliert worden sind. Um all diese Aspekte ist die Initiativgruppe dem Kollegium voraus.

Besonders auch die zuletzt genannte kommunikative Dimension der Arbeit ist zu berücksichtigen, wenn es darum geht, dem Kollegium im Rahmen einer pädagogischen Konferenz Gelegenheit zu geben, sich in den Arbeitsprozeß der Initiativgruppe einzufädeln. Dies bedeutet für die Gestaltung der pädagogischen Konferenz, daß Arbeitsformen bereitgestellt werden müssen, die allen Kollegiumsmitgliedern Gelegenheit bieten, sich aktiv an der Arbeit zu beteiligen und eigene Vorstellungen und Bedürfnisse in das Thema einzubringen. (Siehe Tagesordnung für Päd. Konferenz, Kap. 6, S. 190.) Dies wird am ehesten zu gewährleisten sein, wenn Kleingruppenarbeit zu einem bestimmenden Element der Konferenz wird. Zugleich sollte durch eine Zusammensetzung der Kleingruppen nach dem Zufallsprinzip (Losverfahren) dafür gesorgt werden, daß Kollegiumsmitglieder außerhalb alltäglicher Gruppierungen zusammenarbeiten und so lernen, andere Positionen zur Kenntnis zu nehmen. Inhaltlich wird man sinnvollerweise der Konferenz möglichst wenig Vorgaben machen, sondern ihr Gelegenheit geben, gleichsam im Zeitraffer den Prozeß für sich nachzuvollziehen, den die Initiativgruppe bereits durchlaufen hat. Deren Ergebnisse können hierbei als eine Orientierung für den Meinungsbildungsprozeß des Kollegiums dienen, ohne dabei schon Ergebnisse vorwegzunehmen.

Die Mitglieder der Initiativgruppe können im Rahmen der pädagogischen Konferenz als Moderatoren vor allem auch in den Phasen der Gruppenarbeit tätig werden. Besonders sorgfältig zu planen ist, wie die Ergebnisse der Kleingruppen schließlich im Plenum zur Kenntnis genommen und im Sinne einer Zielbestimmung für ein schulinternes Entwicklungsvorhaben genutzt werden können. Bei der Diskussion, welches Ziel anzustreben sei, sollte sich das Kollegium von der Überlegung leiten lassen, zunächst ein Projekt zu wählen, das sich in überschaubarer Bearbeitungszeit zu einem möglichst sicheren und für alle erkennbaren Erfolg führen läßt, um so Vertrauen in die neue Arbeitsweise zu gewinnen. Das kann auch bedeuten, daß zunächst an einem Vorhaben gearbeitet wird, das nur eine Teilgruppe des Kollegiums - etwa eine Jahrgangsstufe, eine Abteilung oder einzelne Fachbereiche - betrifft.

Am Ende der pädagogischen Konferenz sollte neben der Zielklärung die Wahl einer Steuergruppe stehen, die mit der organisatorischen Umsetzung des von der Konferenz beschlossenen Projektes betraut wird. Die Steuergruppe löst die Initiativgruppe in ihrer bisherigen Zuständigkeit für das Projekt ab. Die Ablösung der Initiativgruppe durch eine Steuergruppe ist insofern von Bedeutung, als sich die Initiativgruppe selbst rekrutiert hat, indem sie Personen zur Mitarbeit eingeladen hat, die ihr günstig erschienen. Im Unterschied dazu ist die Steuergruppe vom Kollegium gewählt und damit auf eine wesentlich verbindlichere Weise mandatiert worden.

Die Aufgabe der Steuergruppe besteht darin, die institutionelle Verankerung des Entwicklungsvorhabens über den Zeitrahmen der pädagogischen Konferenz hinaus zu sichern, indem sie die für eine Weiterarbeit notwendigen inhaltlichen und organisatorischen Vorkehrungen trifft. Aus diesem Grund ist bei der personellen Zusammensetzung der Steuergruppe besondere Sorgfalt zu beachten. Um eine arbeitsfähige Gruppe zu bilden, sollte die Steuergruppe nicht mehr als sieben bis acht Personen umfassen. Es empfiehlt sich auch, daß Mitglieder der bisherigen Initiativgruppe der Steuergruppe angehören, um die Kontinuität der Erfahrungen zu sichern. Darüber hinaus sollten Vertreter unterschiedlicher Gruppen des Kollegiums berücksichtigt sein, um verschiedene Strömungen in das Projekt zu integrieren. (Siehe "Widerstand gegen Wandel", Kap. 2, S. 95) Schließlich ist es dringend geboten, daß ein Mitglied der Schulleitung in der Steuergruppe mitarbeitet: dies verkürzt die Kommunikationswege in inhaltlich komplizierten Situationen und gibt zugleich der Arbeit der Steuergruppe ein größeres Maß an Verbindlichkeit. Die Steuergruppe sollte sich einen Sprecher / eine Sprecherin wählen, um während ihrer Sitzungen einen strukturierten Diskussionsverlauf zu gewährleisten; zugleich gilt diese Person gegenüber dem Kollegium und der Schulleitung als Ansprechpartner. Bei der Wahl der Steuergruppe kann festgelegt werden, für welchen Zeitraum sie im Amt sein soll und unter welchen Bedingungen personelle Ergänzungen zulässig sein können. Im einzelnen hat die Steuergruppe die Funktion, alle die Aufgaben anzuleiten, die im Rahmen eines schulinternen Entwicklungsvorhabens anfallen können und die hierfür geeigneten Verfahren im Kollegium bereitzustellen (siehe hierzu das Methodenkapitel). Mit der Wahl einer Steuergruppe löst sich die bisherige Initiativgruppe auf.

Versucht man, die hier vorgestellten Verfahrensschritte in ihren wesentlichen Merkmalen zu charakterisieren, so kann das vielleicht durch die folgenden **vier Prinzipien** geschehen:

* **Transparenz der gewählten Verfahren**
* **Offenheit gegenüber unterschiedlichen Positionen**
* **Einbeziehung des gesamten Kollegiums**
* **Institutionalisierung von Veränderungsideen.**

Die in Kapitel 2 geschilderten Verfahren dienen dazu, diese Prinzipien in einem Schulentwicklungsprozeß zu realisieren.

3.2 Womit kann ein schulinterner Entwicklungsprozeß beginnen?

In vielen Schulen stellt die kritische Auseinandersetzung mit curricularen Fragen den Beginn von Aktivitäten im Rahmen eines innerschulischen Entwicklungsprozesses dar: sei es, daß das Kollegium sich um Absprachen bei der Schwerpunktbildung in den Curricula bemüht, daß es vorhandene Zusatzangebote im Hinblick auf die durch sie realisierten Ziele kohärenter gestalten will oder daß nach Möglichkeiten gesucht wird, die unterrichtliche Arbeit auch im Hinblick auf außerschulische Lernmöglichkeiten und -orte zu öffnen.

Die Auseinandersetzung mit inhaltlichen Fragen als Einstieg in einen schulinternen Entwicklungsprozeß ist auch dann sinnvoll, wenn es innerhalb eines Kollegiums Kommunikationsprobleme gibt oder Störungen im Verhältnis zwischen Schulleitung und Kollegium: die gemeinsame Arbeit auf der inhaltlichen Ebene kann eine Vertrauensbasis schaffen, die dann vielleicht auch tragfähig ist, um Kommunikations- und Beziehungsprobleme zu bearbeiten. Vielleicht werden ja auch durch die Arbeit an inhaltlichen Fragen bereits neue Kommunikationsformen und Beziehungsstrukturen etabliert, wenn die hierzu geeigneten Verfahren angewendet und die für dieses Ziel förderlichen Prinzipien (siehe voriges Kapitel) beachtet werden.

3.2.1 Die inhaltliche Dimension als Gegenstand schulischer Entwicklungsprozesse

1. Innerhalb der Schule können drei verschiedene inhaltliche "Schichten" unterschieden werden: die Stundentafeln der Fächer, die Fachcurricula, das individuelle Schulprofil.

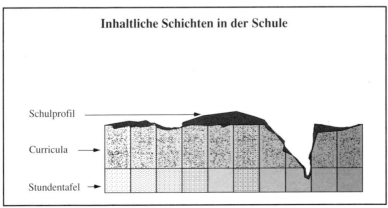

Bei Stundentafeln und Fachcurricula handelt es sich um von der Kultusbehörde zentral vorgegebene inhaltliche Elemente, das Schulprofil hingegen wird dezentral durch Faktoren / Bedingungen der jeweils einzelnen Schule geprägt.

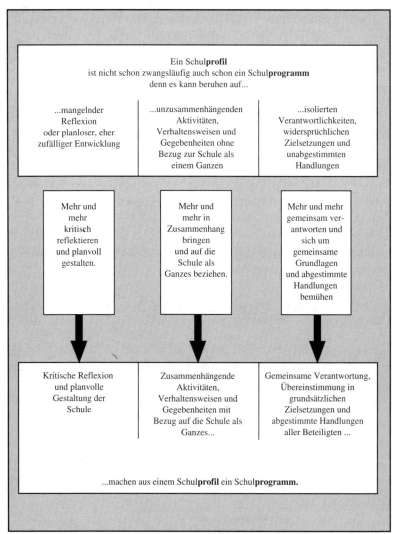

Aus: **H.Kleingeist/W.Schuldt, Grundschule.** Gemeinsam Schule machen. Soest 1990, S. 33

2. Zum Schulprofil tragen Faktoren / Bedingungen bei, die man nach den Kriterien von "Intentionalität" bzw. "Nicht-Intentionalität" gruppieren kann.

a) Nicht-Intentionale Bedingungen, die das Profil einer Schule beeinflussen, können z.b. sein: das Vorherrschen bestimmter kultureller Stile im Lehrerkollegium, ein besonderer sozialer Einzugsbereich der Schule oder auch die Versorgung der Schule mit Lehrer/innen. (Kann beispielsweise ein bestimmtes Fach wegen Lehrermangels nicht erteilt werden, so ist dies ein Element des Profils dieser Schule - im Vergleich zu anderen Schulen, an denen in dem entsprechenden Fach kein Lehrermangel herrscht).

b) Zu den Intentionalen Bedingungen kann man zählen: besondere Lernangebote in Form von freiwillig angebotenen Arbeitsgemeinschaften o.ä., besondere Schwerpunktbildungen in den Fächern, z.b. im musischen oder naturwissenschaftlichen Bereich, oder die bewußte Favorisierung bestimmter Arbeitsformen, wie z.B. Projektarbeit.

3. Die zentral vorgegebenen inhaltlichen Elemente wie Fachcurricula und Stundentafeln bleiben nicht unbeeinflußt von den dezentral gegebenen Bedingungen der einzelnen Schule: das Schulprofil wirkt sich auch auf diese Ebenen aus; dieser Sachverhalt wird unmittelbar einsichtig an dem oben zitierten Beispiel des Lehrermangels, aber auch schulspezifische Festlegungen im Rahmen der Curricula modifizieren die zentralen Vorgaben im Sinne der lokalen Bedürfnisse/Intentionen.

4. Das Zusammenwirken von zentral und dezentral verursachten/verantworteten inhaltlichen Elementen in der Schule macht deutlich, daß auch in diesem Bereich - wenigstens in einem gewissen Umfang - Selbstentwicklungsprozesse im Rahmen der verbindlichen Vorgaben möglich sind. Solche Möglichkeiten werden auf unterschiedlichen Ebenen auch durch rechtliche Regelungen eröffnet. Entsprechende Forderungen formuliert der Deutsche Bildungsrat im Jahre 1970:

> "Im Bildungswesen dürfen Lehrgegenstände, Lehrmethoden und Lernverfahren nicht starr festgelegt werden. Es wird vielmehr darauf ankommen, Raum zu schaffen für sich modifizierende Lehrverfah-

ren, sich weiterentwickelnde Lehrmethoden und sich verändernde Lehrgegenstände. Ebenso müssen die institutionellen Regelungen die Regeln ihrer eigenen Weiterentwicklung enthalten". (1)

a) Entsprechend machen die Curricula für nahezu alle Schulformen und Schulstufen Aussagen darüber, wie die mit ihnen arbeitenden Lehrerinnen und Lehrer die in ihnen enthaltenen Vorgaben im Sinne der konkreten Bedingungen an ihrer jeweiligen Schule modifizieren können, wobei die Vorstellungen, Erwartungen und Interessen von Eltern und Schüler/inne/n mit einbezogen werden können/sollen. Inzwischen hat auch die Forderung nach der Entwicklung eines Schulprogramms explizit Eingang in die Richtlinien aller Schulformen der Primarstufe und der Sekundarstufe I gefunden. Als Beispiel seien an dieser Stelle die entsprechenden Ausführungen in den neuen nordrhein-westfälischen Gymnasialrichtlinien für die SI zitiert:

> "Der allgemeine Erziehungs- und Bildungsauftrag des Gymnasiums findet aufgrund der jeweils unterschiedlichen Bedingungen in jeder einzelnen Schule seine charakteristische Ausprägung. Gemeinsam geben Schülerinnen, Schüler, Erziehungsberechtigte, Lehrerinnen und Lehrer ihrer Schule ein eigenes pädagogisches Profil, das die Sekundarstufe I des Gymnsaiums und die gymnasiale Oberstufe umfaßt. Dabei nutzen sie die besonderen Gegebenheiten der Schule, ihres Umfeldes sowie des Heimatraumes mit seinen kulturellen Traditionen, bildungsbezogenen Angeboten und möglichen außerschulischen Lernorten.
>
> Die einzelne Schule entwickelt dazu in kooperativer Planung der Mitwirkungsgremien und - wo es erforderlich ist - auch mit dem Schulträger ein Schulprogramm, das Inhalte und Organisationsformen für Schulleben und Unterricht enthält. Dazu gilt es, offene Gestaltungsspielräume zu beschreiben, schulformspezifische Aufgabenstellungen mit Themenschwerpunkten zu formulieren und diese mit fachspezifischen Zielen und Inhalten zu verbinden." (2)

---

(1) **Deutscher Bildungsrat**: Empfehlungen der Bildungskommission, Strukturplan für das Bildungswesen. Ernst Klett Verlag, Stuttgart 1972[4], S. 38.
(2) **Richtlinien für das Gymnasium** - Sekundarstufe I - in Nordrhein-Westfalen. Entwurf Januar 1991, S. 17 f.

b) Das Schulmitwirkungsgesetz macht an verschiedenen Stellen Aussagen über die Einwirkungsmöglichkeiten von Lehrer/inne/n, Eltern und Schüler/innen auf curriculare und inhaltliche Fragen der Schule:

§ 5 Aufgaben der Schulkonferenz
(1) Die Schulkonferenz berät im Rahmen des §3 über die Bildungs- und Erziehungsarbeit der einzelnen Schule. Sie empfiehlt Grundsätze
1. zur Ausgestaltung der Unterrichtsinhalte und zur Anwendung der Methoden, (...).
(2) Die Schulkonferenz entscheidet im Rahmen des §3 in folgenden Angelegenheiten der einzelnen Schule:
(...)
3. Einrichtung zusätzlicher Lehrveranstaltungen und Arbeitsgemeinschaften,
4. Planung von Veranstaltungen der Schule außerhalb des planmäßigen Unterrichts,
(...)
7. Vorschläge zur Behebung allgemeiner Erziehungsschwierigkeiten,
(...).

§ 7 Fachkonferenzen
(...)
(3) Die Fachkonferenzen entscheiden in ihrem Fach insbesondere über folgende Angelegenheiten:
1. Grundsätze zur fachmethodischen und fachdidaktischen Arbeit sowie zur Leistungsbewertung,
(...).

§11 Klassenpflegschaft, Jahrgangsstufenpflegschaft
(...)
(7) Die Pflegschaft ist im Rahmen der Lehrplanrichtlinien bei der Auswahl der Unterrichtsinhalte zu beteiligen. Dazu sollen ihr zu Beginn des Schuljahres die nach den Lehrplanrichtlinien in Betracht kommenden Unterrichtsinhalte bekanntgegeben und begründet werden. Anregungen zur Auswahl der Unterrichtsinhalte werden in der

Pflegschaft beraten. Hierbei sollen die gemäß § 12 Abs. 4 von den Schülern gegebenen Anregungen in die Überlegungen einbezogen werden.

§ 12 Schülervertretung

(...)

(4) Von der fünften Klasse an sind die Schüler im Rahmen der Lehrplanrichtlinien bei der Auswahl der Unterrichtsinhalte zu beteiligen. Dazu gibt ihnen der Fachlehrer zu Beginn des Schulhalbjahres die nach den Lehrplanrichtlinien in Betracht kommenden Unterrichtsinhalte bekannt und begründet sie. Anregungen zur Auswahl der Unterrichtsinhalte werden mit den Schülern der Klasse oder des Kurses beraten. Hierbei sollen die gemäß § 11 Abs. 7 von der Pflegschaft gegeben Anregungen mit in die Überlegungen einbezogen werden.(1)

Trotz dieser rechtlichen Vorgaben, die eine Einwirkungsmöglichkeit von Lehrer/inne/n, Schüler/inne/n und Eltern auf curriculare und inhaltliche Fragen auf unterschiedlichen Ebenen vorsehen, hat sich kaum eine lebendige und wirkungsvolle Praxis in diesem Bereich etabliert. Von Ausnahmen abgesehen, beschränkt sich die curriculare Arbeit von Lehrern und Lehrerinnen in vielen Fällen auf die Zusammenstellung von Stoffverteilungsplänen im Rahmen der geltenden Richtlinien. Die Mitarbeit der Eltern und Schüler/innen ist weithin zum Ritual einer jährlichen Information durch die Lehrer/innen über die von ihnen geplanten Unterrichtsvorhaben des kommenden Schulhalbjahres erstarrt. Hier könnte Organisationsentwicklung dazu beitragen, Schulmitwirkung in einem zentralen Bereich mit Leben zu erfüllen.

5. Daß nicht nur sachlich und rechtlich die Möglichkeit von Selbstentwicklungsprozessen im inhaltlichen Bereich besteht, sondern daß diese im Sinne der Qualitätsförderung von Schule geradezu **notwendig** sein können, verdeutlicht Sara LIGHTFOOT in ihrer Untersuchung "The Good High-School" von 1985:

> "Obwohl gute High-Schools eine hohe Aufmerksamkeit für soziale und psychische Dimensionen des Schullebens zeigen, konzentrieren

---

(1) **Gesetz über die Mitwirkung im Schulwesen** - Schulmitwirkungsgesetz (SchMG) - Vom 13. Dezember 1977

sie sich insbesondere auf die Qualität des akademischen Curriculums, auf seine Kohärenz und seine Integration." (1)

6. Wie Entwicklungen in diesem Feld durchgeführt werden können, thematisierte 1975 Wolfgang KLAFKI unter dem Stichwort "**Selbstaufklärung der Beteiligten**" im Sinne von "Handlungsforschung":

"Die in der Schulpraxis Tätigen, insbesondere die Lehrer, müssen am Curriculumentwicklungsprozeß aktiv und mitentscheidend teilnehmen können. Zunehmend sollten auch die Schüler und die Eltern in diese Entwicklung einbezogen werden; man darf sich allerdings nicht darüber täuschen, welche Schwierigkeiten gerade die zuletzt genannte Forderung mit sich bringt.

Nun kann jedoch nicht einfach vorausgesetzt werden, daß Lehrer, Schüler und Eltern von vornherein die Kompetenz, d.h. die Erkenntnisse, Kenntnisse und Fähigkeiten besitzen, die notwendig sind, um kritisch und produktiv an der Curriculumentwicklungsarbeit teilzunehmen. Wer diese falsche Voraussetzung macht, produziert bei allen Beteiligten notwendigerweise Enttäuschungen. Die Aufgabe ist vielmehr folgende: Der Curriculumentwicklungsprozeß muß zugleich als ein Lernprozeß für alle Beteiligten verstanden werden. Das gilt nicht nur für Schüler und Eltern, sondern auch für Lehrer." (2)

Das Verhältnis zwischen zentraler und dezentraler Curriculumentwicklung stellt sich für Klafki dar als "ein Verhältnis der offenen Wechselwirkung, als ein Prozeß ständiger, wechselseitiger Interpretation, Korrektur und Weiterentwicklung." (3)

---

(1) Zitiert nach: **Helmut Fend**, Ansätze zur inneren Schulreform und zur Qualitätsverbesserung von Schule - Gestaltungsrichtungen des Bildungswesens auf der Grundlage der Erfahrungen der letzten 20 Jahre. In: Begabung - Lernen - Schulqualität. Soester Symposion 1987. Soester Verlagskontor 1987, S. 80.

(2) **Wolfgang Klafki**, Schulnahe Curriculumentwicklung in Form von Handlungsforschung. In: Günter Brinkmann (Hrsg.), Offenes Curriculum - Lösung für die Praxis. Scriptor Verlag Kronberg/Ts. 1975, S. 53 f.

(3) **Wolfgang Klafki**, a.a.O. S. 58

An diesen Ausführungen sind mehrere Aspekte bemerkenswert:
1. Curriculumentwicklung ist nicht nur Sache der zentralen Kultusverwaltung, sondern fällt auch in die Zuständigkeit der einzelnen Schule.
2. Curriculumentwicklung ist nicht nur Sache der Lehrer, sondern hat die Eltern und Schüler mit einzubeziehen.
3. Curriculumentwicklung ist kein einmaliger Vorgang, sondern ein Lernprozeß.
4. Curriculumentwicklung als Lernprozeß ist zugleich ein Prozeß der Selbstaufklärung der an ihm beteiligten Personen.

Diese vier Kriterien sind deswegen von besonderem Interesse, weil sie einmal Berührungspunkte zwischen den Überlegungen Klafkis und der Arbeit an schulinternen Entwicklungsprogrammen zeigen und darüber hinaus für schulinterne Entwicklungsprogramme Anregungen in wenigstens zweierlei Hinsicht geben: nämlich sich auf Fragen des Inhaltes von Schule und Unterricht einzulassen sowie Eltern und Schüler als aktiv Beteiligte in die Arbeit am schulinternen Entwicklungsprogramm einzubeziehen.

7. Als Konsequenz der vorangegangenen Überlegungen stellt sich nunmehr die Aufgabe, Instrumente zu entwickeln und bereitzustellen, die geeignet sind, die inhaltlichen Dimensionen der einzelnen Schule so zu erfassen, daß sie einer Bearbeitung im schulinternen Entwicklungsprogramm zugänglich gemacht werden können.

"Inhaltliche Dimension" kann in diesem Zusammenhang bedeuten :

* zusätzliche Lehrveranstaltungen und Arbeitsgemeinschaften (§5/2.3 SchMG),
* Veranstaltungen der Schule außerhalb des planmäßigen Unterrichts (§5/2.4 SchMG),
* Angebote und Einrichtungen zur Behebung allgemeiner Erziehungsschwierigkeiten (§5/2.7 SchMG),
 * Schulspezifische Grundsätze zur Fachdidaktik sowie Schwerpunktbildungen im Rahmen der vorgegebenen Curricula (§7/3.1 SchMG).

Gefragt sind Erhebungsinstrumente, die

(a) die Aktivitäten der einzelnen Schule in diesen Bereichen erfassen und

(b) sie einer Bewertung auf der Grundlage bestimmter pädagogischer Leitideen zugänglich machen, um

(c) hieraus Hinweise für eine Reorganisation / Ergänzung / Weiterentwicklung der schulspezifischen inhaltlichen Dimension erarbeiten zu können.

Weiterhin ist darüber nachzudenken, durch welche besonderen Erhebungsinstrumente neben den LehrerInnen auch SchülerInnen und Eltern in diesen Prozeß der Selbstuntersuchung und Selbstentwicklung einbezogen werden können.

Als Instrument

im Sinne von (a) kann der Fragebogen "Schulprofil",
im Sinne von (b) der "Analysebogen zum Schulprofil" eingesetzt werden.

Durch den Einsatz des Fragebogens "Schulprofil" wird nicht nur deutlich, worin das spezifische Profil der jeweiligen Schule besteht, sondern auch in welchem Maße im Kollegium hierüber ein gemeinsames Bewußtsein (siehe besonders Frage 11) existiert.

Der "Analysebogen zum Schulprofil" kann inhaltlich unterschiedlich ausgelegt werden. So können in der Rubrik "Pädagogische Leitfragen" z.B. Kriterien eingetragen werden, die für die jeweilige Schulform/Schulstufe (gemäß Richtlinien) konstitutiv sind, ebenso können aber auch Leitideen als Maßstab eingesetzt werden, die sich eine bestimmte Schule für sich erarbeitet hat; schließlich ist auch denkbar, daß hier die Forderungen eingetragen werden, die Schüler/innen oder Eltern an Schule und Unterricht stellen. In diesem Fall würde sich der Analysebogen an Schüler/innen oder Eltern richten, die ihn dann auch auszufüllen hätten.

Für das Ausfüllen des "Analysebogens zum Schulprofil" kann verabredet werden, daß die einzelnen Angebote/Vorhaben im Hinblick auf den Soll- bzw. Ist-Zustand mit beispielsweise 0 bis 3 Punkten bewertet werden können.

3.2.2 Schulprofil

	1	2	3	4	5
	trifft nicht zu				trifft zu
1. An unserer Schule gibt es unterrichtliche und außerunterrichtliche **Aktivitäten, die über das durch die Curricula vorgeschriebene Maß hinausreichen oder innerhalb der Curricula eine schulspezifische Schwerpunktbildung darstellen.**	1	2	3	4	5
2. Die in (1) genannten unterrichtlichen und außerunterrichtlichen Aktivitäten an unserer Schule **stehen untereinander in einem sinnvollen pädagogischen Zusammenhang.**	1	2	3	4	5
3. Die in (1) genannten unterrichtlichen und außerunterrichtlichen Aktivitäten an unserer Schule **haben sich im Laufe der Zeit eher zufällig ergeben.**	1	2	3	4	5
4. Die in (1) genannten unterrichtlichen und außerunterrichtlichen Aktivitäten an unserer Schule **sind das Resultat eines innerschulischen Diskussionsprozesses.**	1	2	3	4	5
5. Die in (1) genannten unterrichtlichen und außerunterrichtlichen Aktivitäten an unserer Schule **prägen das Bild unserer Schule in der Öffentlichkeit.**	1	2	3	4	5
6. Die in (1) genannten unterrichtlichen und außerunterrichtlichen Aktivitäten an unserer Schule **finden die Zustimmung von Schüler/inne/n und Eltern.**	1	2	3	4	5
7. Die in (1) genannten unterrichtlichen und außerunterrichtlichen Aktivitäten an unserer Schule **unterstützen die leitenden Ideen unserer Schulform in besonderer Weise.**	1	2	3	4	5
8. Die in (1) genannten unterrichtlichen und außerunterrichtlichen Aktivitäten an unserer Schule **verstärken die Identifikation des Kollegiums mit unserer Schule.**	1	2	3	4	5
9. Die in (1) genannten unterrichtlichen und außerunterrichtlichen Aktivitäten an unserer Schule **müssen dringend um wichtige Bereiche ergänzt werden.**	1	2	3	4	5
10. Die in (1) genannten unterrichtlichen und außerunterrichtlichen Aktivitäten an unserer Schule **sollten auf einige Schwerpunkte konzentriert werden.**	1	2	3	4	5

11. Von den in (1) genannten unterrichtlichen und außerunterrichtlichen Aktivitäten unserer Schule **kenne ich:**

_____
_____
_____
_____

12. Im Sinne der in (1) genannten unterrichtlichen und außerunterrichtlichen Aktivitäten unserer Schule **wünsche ich mir zusätzlich:**

_____
_____
_____
_____

Leonhard Horster LSW - Ref. II/10 1991

3.2.3 Analysebogen zum Schulprofil

Analysebogen zum Schulprofil											
Päd. Leitfragen	Angebote / Vorhaben										Reihen-summen
In welchem Maße trägt das Angebot / Vorhaben dazu bei,...												
	Soll	Ist	Soll	Ist	Soll	Ist	Soll	Ist	Soll	Ist	
...											
...											
...											
...											
...											
...											
...											
...											
...											
Spaltensummen											

L.Horster nach einem Entwurf von H.Buchen/W.Schuldt aus: H.Kleingeist/W.Schuldt, Grundschule. Gemeinsam Schule machen. Soest 1990, S. 33

Analysebogen zum Schulprofil
(Gymnasium, Sek.I)

Päd. Leitfragen	Angebote / Vorhaben										Reihen-summen
In welchem Maße trägt das Angebot / Vorhaben dazu bei,...											
	Soll	Ist	Soll	Ist	Soll	Ist	Soll	Ist	Soll	Ist	
...die **Identitätsbildung** der SchülerInnen zu unterstützen?											
...die **Kritikfähigkeit** der SchülerInnen auszubilden?											
...eine **zweckfreie Entfaltung** der SchülerInnen zu ermöglichen?											
...den SchülerInnen **Fertigkeiten für die studien- oder berufsbezogene Ausbildung** zu vermitteln?											
...den SchülerInnen **sachlich angemessenes Wissen / Verstehen** zu vermitteln?											
...											
...											
...											
...											
Spaltensummen											

L.Horster nach einem Entwurf von H.Buchen/W.Schuldt aus: H.Kleingeist/W.Schuldt, Grundschule. Gemeinsam Schule machen. Soest 1990, S. 33

Beispiel für einen teilweise ausgefüllten Analysebogen

Analysebogen zum Schulprofil
(Gymnasium, Sek.I)

Päd. Leitfragen	Angebote / Vorhaben										Reihen-summen
In welchem Maße trägt das Angebot / Vorhaben dazu bei,...	Tanz AG		Informatik AG		Freiarbeit		Berufspraktikum		Rechtschreib-Förderung		
	Soll	Ist	Soll	Ist	Soll	Ist	Soll	Ist	Soll	Ist	
...die **Identitätsbildung** der SchülerInnen zu unterstützen?	2	2	2	2	3	1	3	3	0	0	10 / 8
...die **Kritikfähigkeit** der SchülerInnen auszubilden?	0	0									
...eine **zweckfreie Entfaltung** der SchülerInnen zu ermöglichen?	3	2									
...den SchülerInnen **Fertigkeiten für die studien- oder berufsbezogene Ausbildung** zu vermitteln?	0	0									
...den SchülerInnen **sachlich angemessenes Wissen / Verstehen** zu vermitteln?	1	1									
...											
...											
...											
...											
Spaltensummen	6	5									

L.Horster nach einem Entwurf von H.Buchen/W.Schuldt aus: H.Kleingeist/W.Schuldt, Grundschule. Gemeinsam Schule machen. Soest 1990, S. 33

3.2.4 Der Aussagewert des Analysebogens

Aus den im Beispiel vorgestellten Daten lassen sich vielfältige Informationen ableiten, die durch die folgenden Fragen angedeutet werden sollen:

Die Reihensumme der Soll-Werte hat für alle Angebote den Wert 10. Wenn die verabredete Höchstpunktzahl pro Angebot 3 beträgt, warum ist dann als Reihensumme nicht der Wert 15 erreicht worden?

Wird durch die bestehenden Angebote das schulform- und schulstufenspezifische Ziel der Identitätsbildung in hinreichender Weise unterstützt? Muß das vorhandene Angebot um weitere Maßnahmen ergänzt werden? Sollte es vielleicht auf bestimmte Angebote konzentriert werden?

Zwischen den Reihensummen für die Soll- und Ist-Werte besteht eine Differenz von 2, die auf das Konto der Freiarbeit geht. Welche Rückschlüsse sind daraus zu ziehen?

Die Spaltensumme für die Tanz-AG beträgt für den Soll-Wert 6 (bei einer möglichen Höchstzahl von 15 Punkten). Ist daraus der Schluß zu ziehen, daß die Tanz-AG abgeschafft werden muß, weil sie nicht die Breite der schulform- und schulstufenspezifischen Ziele abdeckt?

Die bislang gestellten Fragen beziehen sich auf **einen** Fragebogen; die beim Einsatz dieses Instrumentes in einem Kollegium zutage geförderten Gesamtergebnisse werden weitere Fragestellungen nahelegen, die z.B. auch aus unterschiedlichen Einschätzungen der schulischen Angebote durch die Kollegiumsmitglieder und ihren unterschiedlichen Wertvorstellungen erwachsen werden.

An dieser Stelle sei noch einmal daran erinnert, daß die Daten des Analysebogens noch keine unmittelbar zwingende Auskunft darüber geben, welche konkreten Entwicklungsvorhaben in Angriff genommen werden sollen. Bezogen auf das vorliegende Beispiel kann dies an den Soll- und Ist-Werten für die Freiarbeit im Hinblick auf das Ziel der Identitätsförderung demonstriert werden: der Analysebogen weist das Verhältnis 3:1 aus. Daß der Ist-Wert um 2 Punkte niedriger liegt als der Soll-Wert, kann verschiedene Ursachen haben:

Ist das für die Freiarbeit zur Verfügung stehende **Material** nicht differenziert genug, um den individuellen Ansprüchen und Interessen der Schüler zu genügen? Gibt es Schwächen in der Art, wie die Lehrer/innen Freiarbeit in ihren Klassen **durchführen**?

Reicht das **Zeitvolumen**, das für Freiarbeit wöchentlich zur Verfügung steht, nicht aus?

Welche der genannten Ursachen zutrifft, kann nicht den Daten entnommen werden, sondern muß in einem Prozeß der **kommunikativen Validierung** (siehe auch S. 85) von den Mitgliedern des Kollegiums vor dem Hintergrund ihrer konkreten Erfahrungen geklärt werden.

3.2.5 Selbstentwickelte Erhebungsinstrumente zum Schulprofil

Wie Erhebungsinstrumente zum Schulprofil "maßgeschneidert" auch selbst entwickelt werden können, zeigt das Beispiel der Hauptschule Elsdorf. Das Kollegium hatte die Idee, die eigene pädagogische Praxis an den im Präambelteil der neuen Hauptschulrichtlinien genannten Zielen zu messen. Diese Ziele lauten im einzelnen:

A "Unterricht soll durch Ermutigung und durch Anerkennung von Leistung Voraussetzung für Selbstvertrauen schaffen und die Möglichkeit geben, die eigene Leistungsfähigkeit zu erfahren und Leistungsbereitschaft zu entwickeln."

B "Unterricht soll Fortschritte und Leistungen von Gruppen bewußt werden lassen."

C "Unterricht soll lehren, wie man auch selbständig eigenes Wissen und Können vertiefen kann."

D "Unterricht und Schulleben sollen so gestaltet werden, daß die ausländischen Schüler sozial und kulturell integriert werden."

E "Der Unterricht soll in erfahrungsorientiertem Lernen befähigen, die Medien und die durch sie vermittelten Informationen und Meinungen kritisch zu analysieren."

F "Der Unterricht soll in möglichst vielen Fächern durch Vermittlung von grundlegenden Fertigkeiten und Fähigkeiten auf die Berufs- und Arbeitswelt vorbereiten."

Das hieraus entwickelte Erhebungsinstrument gliedert sich in zwei Teile:
In einem ersten Teil (ZIELE, Blatt 1) wird abgefragt, inwieweit die in den Richtlinien genannten Ziele bereits Bedeutung für die pädagogische Arbeit an der Hauptschule Elsdorf haben bzw. künftig haben sollen: es werden also der Ist- und der Soll-Zustand einander gegenübergestellt.

In einem zweiten Teil (INITIATIVEN, Blatt 2-8) wird jeweils eines der im ersten Teil genannten Ziele daraufhin befragt, wie es sich in für die Hauptschule Elsdorf spezifischen unterrichtlichen und erzieherischen Initiativen konkretisiert. Auch hier werden Soll- und Ist-Zustand miteinander verglichen.

Die besondere Leistung dieses Erhebungsinstrumentes besteht darin, daß die behördlich vorgegebenen Ziele und die konkrete pädagogische Praxis der an der Hauptschule Elsdorf tätigen Kolleginnen und Kollegen miteinander in einen Dialog als Grundlage für einen schulinternen Entwicklungsprozeß gebracht werden. Dabei stellt die Tatsache, daß dieses Erhebungsinstrument vom Kollegium selbst erarbeitet worden und auf diese Weise zugleich auch in seiner Akzeptanz gesichert worden ist, bereits den Einstieg in den schulinternen Entwicklungsprozeß selbst dar: die Erarbeitung des Erhebungsinstrumentes kann ein wesentlicher Bestandteil der Selbstreflexion sein, unabhängig von den Daten, die hierdurch erhoben werden sollen.

Anmerkung zum maßgeschneiderten Erhebungsinstrument der "Hauptschule Elsdorf": Wer mehr Informationen über das Erhebungsinstrument, seine rechnerische Auswertung mit einem selbstentwickelten Computerprogramm und die tatsächlichen Ergebnisse der Dateninterpretation wünscht, möge sich wenden an:

Gemeinschaftshauptschule Eldorf, Gladbacher Str. 139, 5013 Elsdorf, Tel. 02274 / 3929.

Hauptschule Elsdorf: **Datensammlung zur Kategorie ZIELE**

Aufgabe:

Kennzeichnen Sie, in welchem Umfang die folgenden ZIELE in der pädagogischen Arbeit UNSERER SCHULE

a) schon Bedeutung haben   b) in der nächsten Zeit Bedeutung haben sollten

| überhaupt keine Bedeutung | wenig Bedeutung | teils/teils | große Bedeutung | sehr große Bedeutung |

für b) oberhalb ankreuzen

für a) unterhalb ankreuzen

A "Unterricht soll durch Ermutigung und durch Anerkennung von Leistung Voraussetzung für Selbstvertrauen schaffen und die Möglichkeit geben, die eigene Leistungsfähigkeit zu erfahren und Leistungsbereitschaft zu entwickeln."

B "Unterricht soll Fortschritte und Leistungen von Gruppen bewußt werden lassen."

C "Unterricht soll lehren, wie man auch selbständig eigenes Wissen und Können vertiefen kann."

D "Unterricht und Schulleben sollen so gestaltet werden, daß die ausländischen Schüler sozial und kulturell integriert werden."

E "Der Unterricht soll in erfahrungsorientiertem Lernen befähigen, die Medien und die durch sie vermittelten Informationen und Meinungen kritisch zu analysieren."

F "Der Unterricht soll in möglichst vielen Fächern durch Vermittlung von grundlegenden Fertigkeiten und Fähigkeiten auf die Berufs- und Arbeitswelt vorbereiten."

M = Mittelwert, D = Differenz der Mittelwerte

Weitere ZIELE, die nach IHRER MEINUNG zur Zeit wenig Bedeutung haben, in der nächsten Zeit aber mehr Bedeutung erhalten sollten:

_____
_____
_____
_____
_____

Hauptschule Elsdorf: Datensammlung zur Kategorie INITIATIVEN

A"Unterricht soll durch Ermutigung und durch Anerkennung von Leistung Voraussetzung für Selbstvertrauen schaffen und die Möglichkeit geben, die eigene Leistungsfähigkeit zu erfahren und Leistungsbereitschaft zu entwickeln."

Verschiedene INITIATIVEN können helfen, diesem Ziel näher zu kommen. Kennzeichnen Sie, in welchem Umfang die jeweiligen INITIATIVEN
a) schon bestehen   b) in der nächsten Zeit Bedeutung haben sollten

	überhaupt keine Bedeutung	wenig Bedeutung	teils/teils	große Bedeutung	sehr große Bedeutung

für b) oberhalb ankreuzen
für a) unterhalb ankreuzen

A1"Durch gezielte Zusammenarbeit mit den Eltern den Lernhintergrund und die möglichen Lernbeeinträchtigungen der Schüler aufklären."

A2"Mehr Unterrichtszeit für Übungsphasen einräumen."

A3"Klassenarbeiten in G-Gruppen und Diktate übend so vorbereiten, daß keine Sondergenehmigungen ausgesprochen werden müssen."

A4"Differenzierte Klassenarbeiten u. neue Formen der Leistungsfeststellung einsetzen."

A5"Belohnungspraktiken einsetzen, bei denen die Schüler positiv verstärkt werden."

A6"In Fächern wie Deutsch und...Lernformen einsetzen, die nicht nur "Kopfarbeit" erfordern."

A7"Als Lehrer die Rolle eines "Lernberaters" übernehmen.

A8"Alle Schülerleistungen, auch eine "liebevolle" und kreative Heftführung würdigen.

Weitere INITIATIVEN, die nach IHRER MEINUNG dazu dienen, das o.e. Ziel zu erreichen:

_____
_____
_____
_____

B "Unterricht soll Fortschritte und Leistungen von Gruppen bewußt werden lassen."

Verschiedene INITIATIVEN können helfen, diesem Ziel näher zu kommen.
Kennzeichnen Sie, in welchem Umfang die jeweilige INITIATIVE

a) schon existiert b) in der nächsten Zeit Bedeutung haben sollten

| überhaupt keine Bedeutung | wenig Bedeutung | teils/teils | große Bedeutung | sehr große Bedeutung |

für b) oberhalb ankreuzen

für a) unterhalb ankreuzen

B1 "Soziale Arbeitsformen in den Unterricht einbeziehen." M D M

B2 "Feststellen und Beurteilen von Teamleistungen." M D M

Weitere INITIATIVEN, die nach IHRER MEINUNG dazu dienen, das o.e. Ziel zu erreichen:

_____
_____
_____
_____

C"Unterricht soll lehren, wie man auch selbständig eigenes Wissen und Können vertiefen kann.

Verschiedene Initiativen können helfen, diesem Ziel näher zu kommen.
Kennzeichnen Sie, in welchem Umfang die jeweilige INITIATIVE

a) schon existiert b) in der nächsten Zeit Bedeutung haben sollten

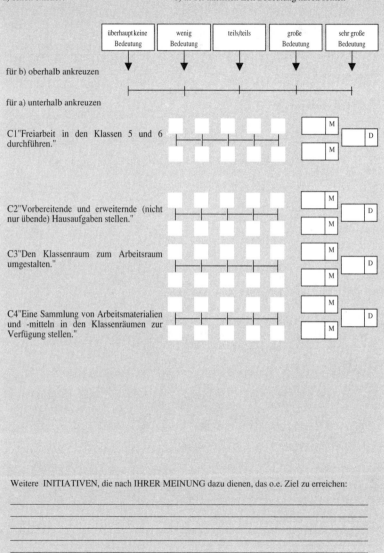

C1"Freiarbeit in den Klassen 5 und 6 durchführen."

C2"Vorbereitende und erweiternde (nicht nur übende) Hausaufgaben stellen."

C3"Den Klassenraum zum Arbeitsraum umgestalten."

C4"Eine Sammlung von Arbeitsmaterialien und -mitteln in den Klassenräumen zur Verfügung stellen."

Weitere INITIATIVEN, die nach IHRER MEINUNG dazu dienen, das o.e. Ziel zu erreichen:

_____
_____
_____
_____

D "Unterricht und Schulleben sollen so gestaltet werden, daß die ausländischen Schüler sozial und kulturell integriert werden.

Verschiedene INITIATIVEN können helfen, diesem Ziel näher zu kommen.
Kennzeichnen Sie, in welchem Umfang die jeweilige INITIATIVE

a) schon existiert   b) in der nächsten Zeit Bedeutung haben sollten

	überhaupt keine Bedeutung	wenig Bedeutung	teils/teils	große Bedeutung	sehr große Bedeutung

für b) oberhalb ankreuzen ▼ ▼ ▼ ▼ ▼

für a) unterhalb ankreuzen

D1 "Zusätzliche Sprachkurse in Deutsch für ausländische Schüler anbieten."

D2 "Ein klasseninternes Helfersystem mit deutschen und ausländischen Schülern als Partnern aufbauen."

D3 "Kulturelle, ethnische und nationale Besonderheiten als Themen in verschiedenen Lehrplänen aufnehmen:

Hauswirtschaft

Kunst

Musik

Geschichte

Religion

Deutsch

D4"Im EBA einen Türkisch-Sprachkurs für deutsche Schüler anbieten."

D5"Schulfeste als multikulturelle Veranstaltungen durchführen."

D6"Mehr Elternmitarbeit dadurch erreichen, daß Hausbesuche bei ausländischen Eltern durchgeführt werden und informelle Treffs organisiert werden."

D7"Deutsche Lehrerinnen und Lehrer hospitieren bei türkischen Lehrerinnen und Lehrern und umgekehrt."

Weitere INITIATIVEN , die nach IHRER MEINUNG dazu dienen, das o.e. Ziel zu erreichen:
_____
_____
_____
_____

E "Der Unterricht soll in erfahrungsorientiertem Lernen befähigen, die Medien und die durch sie vermittelten Informationen und Meinungen kritisch zu analysieren."

Verschiedene INITIATIVEN können helfen, diesem Ziel näher zu kommen.
Kennzeichnen Sie, in welchem Umfang die jeweilige INITIATIVE

a) schon existiert   b) in der nächsten Zeit Bedeutung haben sollten

| überhaupt keine Bedeutung | wenig Bedeutung | teils/teils | große Bedeutung | sehr große Bedeutung |

für b) oberhalb ankreuzen

für a) unterhalb ankreuzen

E1 "An unserer Schule erscheint in regelmäßigen Abständen eine weitgehend von den Schülern selbständig gestaltete Schülerzeitung."

E2 "Ab dem 8.Schuljahr liegen in der Klasse eine Tageszeitung und andere Zeitungen aus und werden von den Schülern gelesen."

E3 "Im Deutschunterricht werden die verschiedenen Textarten des Journalismus behandelt."

E4 "Lehrer ermuntern und unterstützen Schüler, aktiv am Zeitungsgeschehen teilzunehmen, indem sie Anzeigen nutzen, Leserbriefe schreiben..."

E5 "Lehrer geben Gelegenheit, aktuelle Ereignisse aus Fernsehen, Rundfunk und Presse im Unterricht zu thematisieren."

E6 "Unterricht gibt Möglichkeit zum kritischen Vergleich von unterschiedlichen Medienprodukten und ermöglicht Eigenproduktion."

E7 "Im WPU/EBA werden Veranstaltungen zur Medienerziehung angeboten."

Weitere Initiativen, die nach IHRER MEINUNG dazu dienen, das o.e. Ziel zu erreichen:

_____
_____
_____
_____

F "Der Unterricht soll in möglichst vielen Fächern durch Vermittlung von Fertigkeiten und Fähigkeiten auf die Berufs- und Arbeitswelt vorbereiten."

Verschiedene INITIATIVEN können helfen, diesem Ziel näher zu kommen.
Kennzeichnen Sie, in welchem Umfang die jeweilige INITIATIVE

a) schon existiert   b) in der nächsten Zeit Bedeutung haben sollten

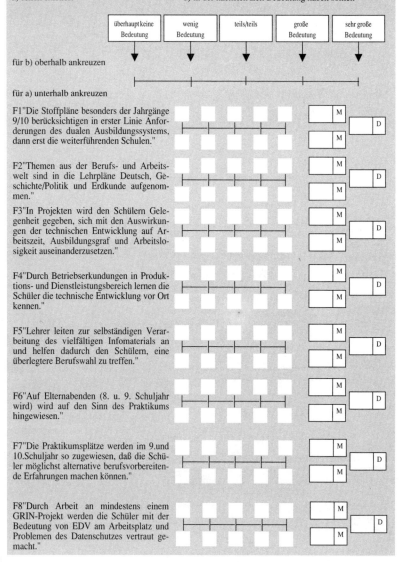

Datensammlung der Hauptschule Elsdorf: Quantitative Auswertung der Kategorie E

E "Der Unterricht soll in erfahrungsorientiertem Lernen befähigen, die Medien und die durch sie vermittelten Informationen und Meinungen kritisch zu analysieren."
Verschiedene INITIATIVEN können helfen, diesem Ziel näher zu kommen.
Kennzeichnen Sie, in welchem Umfang die jeweilige INITIATIVE
a) schon existiert   b) in der nächsten Zeit Bedeutung haben sollten

	überhaupt keine Bedeutung	wenig Bedeutung	teils/teils	große Bedeutung	sehr große Bedeutung				
für b) oberhalb ankreuzen	▼	▼	▼	▼	▼				
für a) unterhalb ankreuzen			a	b					
E1 "An unserer Schule erscheint in regelmäßigen Abständen eine weitgehend von den Schülern selbständig gestaltete Schülerzeitung."	0	2	9	13	4	3,69	M	2,10	D
	19	2	4	2	0	1,59	M		
E2 "Ab dem 8.Schuljahr liegen in der Klasse eine Tageszeitung und andere Zeitungen aus und werden von den Schülern gelesen."	1	0	9	8	13	4,03	M	2,50	D
	21	3	2	1	1	1,53	M		
E3 "Im Deutschunterricht werden die verschiedenen Textarten des Journalismus behandelt."	1	1	3	19	7	3,97	M	0,52	D
	0	4	14	11	3	3,45	M		
E4 "Lehrer ermuntern und unterstützen Schüler, aktiv am Zeitungsgeschehen teilzunehmen, indem sie Anzeigen nutzen, Leserbriefe schreiben..."	1	1	10	12	6	3,70	M	1,59	D
	8	10	9	1	0	2,11	M		
E5 "Lehrer geben Gelegenheit, aktuelle Ereignisse aus Fernsehen, Rundfunk und Presse im Unterricht zu thematisieren."	1	1	4	12	13	3,91	M	1,29	D
	1	12	14	1	1	2,62	M		
E6 "Unterricht gibt Möglichkeit zum kritischen Vergleich von unterschiedlichen Medienprodukten und ermöglicht Eigenproduktion."	1	1	9	10	11	3,90	M	1,70	D
	5	15	7	2	0	2,20	M		
E7 "Im WPU/EBA werden Veranstaltungen zur Medienerziehung angeboten."	0	1	8	19	2	3,73	M	2,06	D
	16	7	2	1	1	1,67	M		

M = Mittelwert   D = Differenz der Mittelwerte

Weitere Initiativen, die nach IHRER MEINUNG dazu dienen, das o.e. Ziel zu erreichen:

_____
_____
_____
_____
_____

Von welcher Art die durch das Erhebungsinstrument der Hauptschule Elsdorf zutage geförderten Daten sind und wie mit ihnen gearbeitet werden kann, soll exemplarisch an der quantitativen Auswertung der Kategorie E (kritischer Umgang mit Medien) demonstriert werden.

Der Erhebungsbogen nennt unter E1 bis E7 sieben Initiativen der Hauptschule Elsdorf, die dazu beitragen können, das von den Richtlinien genannte Ziel (E "Der Unterricht soll in erfahrungsorientiertem Lernen befähigen, die Medien und die durch sie vermittelten Informationen und Meinungen kritisch zu analysieren.") in verschiedenen Bereichen von Schule und Unterricht zu realisieren. Auf einer Fünferskala kann unter (a) die Einschätzung des Ist-Zustandes, unter (b) die Einschätzung des Soll-Zustandes angekreuzt werden.

Die quantitative Auswertung zeigt:
- wie häufig die Werte 1 bis 5 im Hinblick auf Ist- und Soll-Zustand absolut angekreuzt worden sind,
 - welche Mittelwerte (M) bei der Einschätzung der einzelnen Initiativen im Hinblick auf Ist- und Soll-Zustand erreicht worden sind,
- wie groß die Differenz der Mittelwerte (D) zwischen Ist- und Soll-Zustand bei den einzelnen Initiativen ausgefallen ist.

Überdies veranschaulichen die Kurven (a) und (b) die Abweichungen der Mittelwerte für den Ist- und Soll-Zustand über alle 7 Items hinweg.

Für eine Interpretation der Daten kann man sich der quantitativen Auswertung aus zweierlei Richtungen nähern.

Man kann zum einen die Stellen betrachten, an denen die Mittelwerte für den Ist- und den Soll-Zustand vergleichsweise nahe beieinander liegen: hier wird offensichtlich signalisiert, daß die Schule in diesem Bereich nach der Einschätzung der Kollegiumsmitglieder eine besondere Stärke aufweist. Im vorliegenden Beispiel scheint dies an der Stelle E3 der Fall zu sein.

Bevor man diesen Schluß zieht, sollte man aber noch einen Blick darauf werfen, worauf sich die Mittelwerte für den Ist- und Soll-Zustand gründen: weisen die absoluten Nennungen eine Streuung der Werte über die gesamte Fünferskala aus, zeigen sie eine Konzentration beim Mittelwert, oder sind sie auf die Extremwerte polarisiert? Von der Antwort auf diese Fragen hängt die Bedeutung ab, die man dem Mittelwert jeweils zuerkennen kann.

Man kann zum zweiten die Stellen betrachten, an denen die Mittelwerte für den Ist- und den Soll-Zustand vergleichsweise weit auseinander liegen: hier wird offensichtlich signalisiert, daß die Schule in diesem Bereich einen Entwicklungsbedarf haben könnte. Im vorliegenden Beispiel scheint das an der Stelle E2 der Fall zu sein. Ob die genannten Einschätzungen und vor allem die daraus abgeleiteten Konsequenzen jedoch zutreffen, ist im Sinne der kommunikativen Validierung der Daten im Kollegium insgesamt zu diskutieren. Hierbei ist vor allem auch zu klären, ob es in der Bewertung der entwicklungsbedürftigen Bereiche nach der Meinung des Kollegiums eine Prioritätenfolge gibt, ebenso ist zu prüfen, ob es zwischen verschiedenen entwicklungsbedürftigen Bereichen (auch aus unterschiedlichen Kategorien) evtl. einen inneren Zusammenhang gibt: aus diesen Überlegungen können dann Vereinbarungen für das anzustrebende Entwicklungsvorhaben abgeleitet werden (siehe auch S. 53, Ziele vereinbaren).

[Der auf den Seiten 127 - 134 dokumentierte Erhebungsbogen wurde erarbeitet von: Klaus Doepner, Josef Gast, Karin Heublein, Petra Wenge, Ursula Weber, Klaus Wolf.]

3.3 Benötigt der schulinterne Entwicklungsprozeß Unterstützung durch externe Helfer?

Die bisherigen Überlegungen gehen davon aus, daß ein Kollegium gemeinsam mit der Schulleitung in der Lage ist, den schulinternen Entwicklungsprozeß selbständig zu steuern. Es können jedoch Bedingungen eintreten, die es als geboten erscheinen lassen, sich der Unterstützung durch externe Helfer zu bedienen. Im Lande Nordrhein-Westfalen beispielsweise hat man begonnen, ein Netzwerk von Schulentwicklungsmoderator/inn/en aufzubauen, mit dem die Schule über den jeweils zuständigen Regierungspräsidenten Kontakt aufnehmen kann. Kommt zwischen der Schule und den Moderatoren ein Kontrakt zustande, so arbeitet jeweils ein Zweierteam mit der Schule für die Dauer eines Projektes (kostenfrei) zusammen. Das Selbstverständnis dieser Schulentwicklungsmoderatoren drückt sich in den folgenden Grundsätzen aus:

3.3.1 "Schulentwicklungsmoderator/inn/en
* sind eher prozeßorientiert als inhaltsorientiert,
* vermeiden es, der Schule ihr persönliches Wertsystem aufzudrängen,
* sind keine Ratgeber (= Experten für spezielle inhaltliche Fragen),
* haben die Aufgabe, den Prozeß der Selbsterneuerung einer Schule zu unterstützen und zu erleichtern,
* helfen der Schule, ihre Probleme selbst zu lösen.

Schulentwicklungsmoderator/inn/en verfügen über Verfahren, die Schule als Organisation zu untersuchen; sie helfen den Individuen und Gruppen in der Schule, ihre Stärken und Schwächen zu verstehen; sie helfen, den Prozeß der Entwicklung einer Schule zu institutionalisieren." 1)

---

(1) **ISP-Info**, LSW Soest, Ref.II/10, 1991

3.3.2 Kriterien

Ob Bedarf nach externen Helfern besteht, sollte in der Schule von Kollegium und Schulleitung anhand von einigen Leitfragen diskutiert werden:

* Gibt es in der Schule einen offenkundigen oder latenten Konflikt zwischen Schulleitung und Kollegium, der die Teilnahme eines "neutralen Dritten" als wünschenswert erscheinen läßt?

* Gibt es innerhalb des Kollegiums widerstreitende "Fraktionen", zwischen denen die Schulleitung aus unterschiedlichen Gründen nicht vermitteln kann?

* Gibt es in Schulleitung und/oder Kollegium Personen, die gleichsam als "interne Schulentwicklungsmoderator/inn/en" tätig werden wollen / können?

* Verfügen die potentiellen "internen Schulentwicklungsmoderator/inn/en" über hinreichende Akzeptanz bei Schulleitung und Kollegium?

* Läßt sich der Komplexitätsgrad des angestrebten Entwicklungsvorhabens aus eigenen Kräften bewältigen?

Die hier aufgeführten Fragen sind nicht als abgeschlossener Katalog gedacht, vielleicht treten im Verlauf der Diskussion noch weitere Kriterien zutage, die für die Entscheidungsfindung der Schule wichtig sind.

Wie ein schulinterner Entwicklungsprozeß mit Unterstützung durch externe Moderator/inn/en aussehen kann, dokumentiert das **Fallbeispiel in Kapitel 6.**

Literatur

Deutscher Bildungsrat: Empfehlungen der Bildungskommission, Strukturplan für das Bildungswesen. Ernst Klett Verlag, Stuttgart 1972^4

H. Fend, Ansätze zur inneren Schulreform und zur Qualitätsverbesserung von Schule - Gestaltungsrichtungen des Bildungswesens auf der Grundlage der Erfahrungen der letzten 20 Jahre. In: Begabung - Lernen - Schulqualität. Soester Symposion 1987. Soester Verlagskontor 1987

Gesetz über die Mitwirkung im Schulwesen - Schulmitwirkungsgesetz (SchMG) - Vom 13. Dezember 1977

ISP-Info, LSW Soest, Ref.II/10, 1991

W. Klafki, Schulnahe Curriculumentwicklung in Form von Handlungsforschung. In: Günter Brinkmann (Hrsg.), Offenes Curriculum - Lösung für die Praxis. Scriptor Verlag Kronberg/Ts. 1975, S. 53 f.

Richtlinien für das Gymnasium - Sekundarstufe I - in Nordrhein-Westfalen. Entwurf Januar 1991

4. Die ersten Schritte wagen

Wer sich noch nicht auf den vergleichsweise langen und vielleicht auch beschwerlichen Weg eines schulinternen Entwicklungsprozesses begeben möchte, findet in diesem Kapitel eine Anzahl von leicht handhabbaren Instrumenten und Verfahren, um die Arbeitsweise der Organisationsentwicklung an überschaubaren Aufgabenstellungen für sich zu erproben.

In den vorangegangenen Kapiteln ist untersucht worden, welche Aufgabenfelder sich in einem schulinternen Entwicklungsprozeß auftun und mit welchen Instrumenten diese bearbeitet werden können. Es ist überlegt worden, auf welche Weise ein schulinterner Entwicklungsprozeß initiiert werden sollte und auf welche Inhalte er sich beziehen könnte. Vielleicht sind aber in diesem Zusammenhang Probleme deutlich geworden, die es (noch) verhindern, daß der Mut ausreicht, sich mit seiner eigenen Schule auf den Weg eines schulinternen Entwicklungsvorhabens zu begeben. Vielleicht fehlt ja noch das Vertrauen in die eigene Fähigkeit, sich auf die geschilderten Prinzipien und Verfahrensweisen in einem größeren thematischen Zusammenhang und mit anspruchsvollerer Zielsetzung einzulassen. Vielleicht ist aber auch zum gegenwärtigen Zeitpunkt einfach der zur Verfügung stehende Handlungsspielraum für umfangreichere Entwicklung zu eingeschränkt.

Für alle diese Fälle soll die Möglichkeit geboten werden, ohne große Vorbereitung mit einfachen und zeitlich relativ unaufwendigen Instrumenten die Vorgehensweise der Organisationsentwicklung exemplarisch an einzelnen Problemstellungen zu erproben und so Vertrauen in eine schrittweise und bei verschiedenen Gelegenheiten zu erlangende eigene Praxis aufzubauen.

Selbstverständlich können die hier vorgestellten Methoden auch in einem schulinternen Entwicklungsvorhaben in den einschlägigen Phasen eingesetzt werden, ebenso wie sie auch im Rahmen der Lehrerausbildung in unterschiedlichen thematischen Zusammenhängen sinnvoll zu nutzen sind.

4.1 Zielklärungsübung

Was kennzeichnet eine/n gute/n Lehrer/in?

Wenn sich Lehrer und Lehrerinnen über ihre Auffassungen von der eigenen Berufsrolle verständigen wollen, kann dieses Instrument eingesetzt werden: in Schule und Studienseminar, in Konferenzen und Ausbildungsgruppen.

Es ist sinnvoll, die Übung in mehreren Kleingruppen parallel durchführen zu lassen. Sie ist inhaltlich so angelegt, daß unterschiedlich ausgeschärfte Profile der Lehrerrolle formuliert werden können: z.B. ein stärker "fachzentriertes" oder ein eher "pädagogisch" ausgelegtes Verständnis von der Lehrerrolle; vielleicht wird der Unterricht als alleinige Aufgabe des Lehrerhandelns gesehen, vielleicht besteht aber auch ein Bewußtsein von der Vieldimensionalität des Lehrerhandelns. Es ist reizvoll und inhaltlich ergiebig, in der Auswertung von Gruppenergebnissen solche Unterschiede herauszuarbeiten und zu thematisieren. Neben dem thematischen Aspekt ist die Übung auch deswegen interessant, weil sie dazu genutzt werden kann, in einer Gruppe einen Konsens zu einem für die eigene Berufsrolle wichtigen Thema herbeizuführen: sie ist geeignet, innerhalb einer Gruppe Ziele für gemeinsames Handeln aufzustellen. Ob dieser Zielekonsens eher im Zentrum der pädagogischen Arbeit liegt oder sich im Randständigen ansiedelt, sagt etwas über den Zustand der jeweiligen Gruppe aus. Wichtig in diesem Zusammenhang ist auch die Frage nach dem Verhältnis von zentralen und peripheren Aspekten: Gibt es einen nachvollziehbaren Zusammenhang oder widersprechen sich zentrale und periphere Aspekte? Hat die Gruppe für sich wirklich einen durchgängigen Konsens gefunden oder sich eher auf einen Formelkompromiß geeinigt?

Fragen dieser Art sind für die Arbeit im Studienseminar als Einführung in das Thema "Lehrerrolle" interessant, sie können aber auch im Lehrer- und Fachleiter-Kollegium bearbeitet werden - vielleicht sogar als Einstieg in eine längerfristige Entwicklungsarbeit.

4.2 Ideensammlung 635

Diese Übung kann zu vielfältigen Themen und bei zahlreichen Gelegenheiten in Arbeitsgruppen von maximal 6 Teilnehmer/inne/n ohne großen Vorbereitungsaufwand eingesetzt werden. Der erste Teilnehmer notiert 3 Ideen zu einem gegebenen Thema / Problem. Der Arbeitsbogen wird reihum weitergereicht: jedes folgende Gruppenmitglied kann sich schriftlich auf die vorangegangenen Beiträge kommentierend oder mit weiteren Ideen beziehen. Besteht eine Gruppe aus mehr als 6 Teilnehmer/inne/n, so ist sie entsprechend in Untergruppen zu teilen, deren Ergebnisse zum Abschluß verglichen und diskutiert werden. Ein Vorteil gegenüber einem reinen brainstorming-Verfahren besteht in der stärkeren Strukturiertheit des Verfahrens: jeder kommt zu Wort, jeder hat die Möglichkeit, seine Sicht des Problems und seine Bewertung anderer Sichten darzustellen. Zugleich werden alle Beiträge für eine

Verwendung in anderen Zusammenhängen und bei späterer Gelegenheit dokumentiert.

Im Rahmen eines Schulentwicklungsprogramms kann die Methode bei einer relativ eng vorgegebenen Themenstellung auch als Instrument für die Datensammlung als Grundlage einer späteren Aktionsplanung eingesetzt werden.

4.3 Zukunftswerkstatt

Die Zukunftswerkstatt im Sinne von Robert Jungk stellt ein vergleichsweise komplexes Instrument dar, das im Prinzip schon alle wesentlichen Elemente eines Schulentwicklungsprogramms einschließt und deswegen gut geeignet ist, die Arbeit in einem Entwicklungsprozeß zu veranschaulichen.

Die Zukunftswerkstatt kann in einer Schule oder einem Seminar eingesetzt werden, um den Start eines Entwicklungsprozesses zu bilden, in diesem Fall kann in weiterem Verlauf auf andere Methoden (siehe auch Kap. 2) zurückgegriffen werden, mit denen in Ergänzung zur Zukunftswerkstatt und deren Weiterführung gearbeitet wird.

Im Rahmen der Lehrerausbildung kann die Zukunftswerkstatt z.B. am Ende der Ausbildungszeit genutzt werden, um den Teilnehmer/innen nach einer eher isolierenden Betrachtungsweise der vielfältigen schulischen und unterrichtlichen Probleme noch einmal Gelegenheit zu einer Gesamtschau zu geben. Die Frage: Wie stelle ich mir die Schule vor, in der ich gerne arbeiten möchte? kann auf diese Weise zur Selbstvergewisserung dienen.

Für die Ausbilder/innen kann diese Frage gewissermaßen zu einem Evaluationsinstrument werden, da bei ihrer Beantwortung deutlich wird, welche Elemente der Ausbildung für das Selbstbild künftiger Lehrer/innen besonders belangvoll gewesen sind.

4.4 Kräftefeldanalyse

Widerstand gegen Wandel (siehe auch Kap. 2, S. 95) wird bei der **Planung** unterschiedlichster Vorhaben oft nicht einmal als Möglichkeit bedacht, so daß er bei der **Durchführung** einer geplanten Maßnahme als ausschließlich negativer Faktor erlebt wird, den es durch mehr oder weniger geeignete Methoden zu beseitigen gilt. Dabei wird leicht übersehen, daß Widerstand gegen Wandel aus dem berechtigten Interesse an bewahrenswerten Aspekten bzw. einer alternativen Wertvorstellung erwachsen kann. Deren Nichtbeachtung könnte aber für das geplante Vorhaben einen Qualitätsverlust bedeuten. Das Instrument der Kräftefeldanalyse kann bereits in der Planungsphase eingesetzt werden, um denkbare Widerstände gegen ein bestimmtes Vorhaben zu entdecken und sie zu den fördernden Kräften in ein Verhältnis zu setzen. Am Ende dieser Überprüfung muß nicht unbedingt ein Weg deutlich werden, auf dem die antizipierten Widerstände überwunden werden können, es kann sich vielmehr auch die Einsicht herausbilden, daß das geplante Vorhaben gänzlich oder in Teilen unrealistisch, weil angesichts von zu erwartenden Widerständen undurchführbar ist. In diesem Sinne kann die Kräftefeldanalyse zur größeren Rationalität von Planungen beitragen.

4.5 Prozeßanalyse

Dieses Instrument liefert auf einfache Weise Daten über den Kommunikationsprozeß und die Beziehungsstruktur in einer Arbeitsgruppe. Der Auswertungsaufwand kann sehr gering gehalten werden, wenn das Instrument in entsprechender Vergrößerung als Plakat im Gruppenraum ausgehängt wird, so daß jedes Gruppenmitglied seine Einschätzung unmittelbar eintragen kann. Dieses Verfahren spart Auswertungszeit gegenüber dem Austeilen von Erhebungsbögen an jedes einzelne Gruppenmitglied.

Das Instrument kann auch in einer für Vorschläge der Gruppenmitglieder offenen Variante eingesetzt werden. Hierzu wird es mit Filzstift auf ein hinreichend großes Plakat übertragen, wobei nur zwei bis drei Untersuchungsaspekte vorgegeben werden, um die Phantasie der Gruppenmitglieder zu wecken; weitere Untersuchungsaspekte können dann nach Zuruf aus der Gruppe ergänzt werden.

Nach der quantitativen Auswertung der Prozeßanalyse empfiehlt es sich, das Ergebnis in der Gruppe zum Gesprächsanlaß zu nehmen (siehe dazu auch "kommunikative Validierung" in Kap. 2, S. 86).

Arbeitsmaterial: Zielklärungsübung

Was kennzeichnet eine/n gute/n Lehrer/in? *

Ziele	1. Unterschiedliche Auffassungen zu der Frage klären: Was kennzeichnet eine/n gute/n Lehrer/in?
	2. Unter den Teilnehmer/inne/n einen möglichst weitgehenden Konsens zur Vorstellung von einem guten Lehrer / einer guten Lehrerin herstellen.
Ausgangssituation	Jede/r Teilnehmer/in erhält 75 Karten. Auf jeder Karte steht eine Aussage, die ein mögliches Merkmal von guten Lehrer/inne/n nennt. Jede/r Teilnehmer/in hat 15 bis 20 Minuten Zeit, um die 5 Karten auszuwählen und herauszuschneiden, die zusammen am ehesten sein/ihr Wunschbild von guten Lehrer/inne/n beschreiben.
Vorgehensweise	Die Teilnehmer/innen einer Gruppe versuchen gemeinsam darüber einen Konsens zu finden, was eine/n gute/n Lehrer/in kennzeichnet. Dabei ist es wichtig, daß die Auffassungen aller Gruppenmitglieder berücksichtigt werden.

* Leonhard Horster nach einer Übung von Per Dalin: Was ist eine Hochschule?

Arbeitsmaterial: Zielklärungsübung

Was kennzeichnet eine/n gute/n Lehrer/in? *

a) Die Aussagen mancher Karten stehen einander inhaltlich sehr nahe. Durch Diskussion in der Gruppe sollten die Karten in einem ersten Schritt nach inhaltlicher Nähe geordnet bzw. gruppiert werden.

b) Man kann auch übereinkommen, einzelne Karten, über die kein Konsens besteht, nicht weiter zu benutzen, also auszusortieren.

c) Dann sollte versucht werden, daraus ein "Merkmale-Bild" bzw. "Merkmale-Profil" zu gestalten, etwa so:

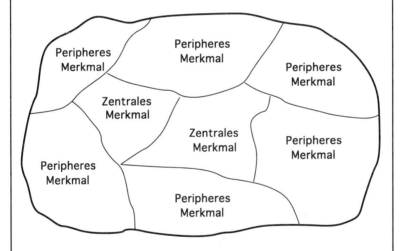

d) Schließlich sollte das gemeinsam entwickelte Merkmale-Profil für die gegenseitige Vorstellung im Plenum auf ein großes Blatt geklebt werden. Graphische Ausschmückungen sind willkommen.

Was kennzeichnet eine/n gute/n Lehrer/in?

1 Bereitet sich gründlich auf den Unterricht vor.	2 Sorgt für einen abwechslungsreichen Medieneinsatz.	3 Achtet konsequent auf die Vermittlung fachmethodischer Kompetenzen.
4 Plant den Unterricht in größeren Zusammenhängen.	5 Bemüht sich erfolgreich um schülerorientierten Unterricht.	6 Läßt sich nicht auf Fragen ein, für die im Studium nicht eine besondere fachliche Kompetenz erworben worden ist.
7 Nimmt Fortbildungsangebote wahr.	8 Ist stark an der Vermittlung solider fachlicher Kenntnisse orientiert.	9 Macht den Schüler/innen sein Expertentum deutlich.
10 Setzt sich für die Diskussion didaktischer und erzieherischer Fragen im Kollegium ein.	11 Kontrolliert sorgfältig das Erreichen der Lehrziele.	12 Kontrolliert regelmäßig und sorgfältig die Hausaufgaben.
13 Sorgt für ein gutes Klassenklima.	14 Berücksichtigt im Unterricht fachübergreifende Fragestellungen.	15 Bezieht die Schüler/innen in die Planung des Unterrichts ein.
16 Setzt sich für die Interessen der Schüler/innen ein.	17 Sorgt für vielfältige Übungsmöglichkeiten.	18 Achtet auf die Verwirklichung sozialer Lernziele.
19 Arbeitet methodisch variantenreich.	20 Geht durch differenzierte Lernangebote auf die unterschiedlichen Leistungsstände der Schüler/innen ein.	21 Ist an der Verwirklichung auch überfachlicher Lernziele stark interessiert

Was kennzeichnet eine/n gute/n Lehrer/in?

22 Stellt sich auf die Lernvoraussetzungen der Schüler/innen ein.	23 Hält die Fähigkeit zu divergentem Denken für ein wichtiges Lernziel.	24 Strebt eine möglichst große Annäherung an die Bezugswissenschaft des eigenen Faches an.
25 Setzt sich für die Belange der Kolleginnen und Kollegen ein.	26 Akzeptiert die Spielregeln der Schulmitwirkung, ist sich aber sicher, daß zentrale Fragen nur vom Lehrkörper zu entscheiden sind.	27 Legt großen Wert auf die Einhaltung offizieller Kommunikations- und Entscheidungsstrukturen.
28 Ist in der Lage, die Unterschiedlichkeit von Interessen herauszuarbeiten.	29 Geht in der Schulkonferenz Koalitionen mit Eltern- und Schülergruppen ein, um wichtige Themen durchsetzen zu können.	30 Hält es für wichtig, Zuständigkeiten und Arbeitsabläufe den konkreten Erfordernissen anzupassen.
31 Bemüht sich um Konsens mit der Schulleitung.	32 Trägt bildungspolitisch aktuelle Fragen in die schulische Diskussion.	33 Informiert sich kontinuierlich über neue Erlasse und Verfügungen.
34 Arbeitet in einem Berufsverband / Gewerkschaft mit.	35 Ist der Meinung, daß politische Fragen nach Möglichkeit nicht in die Schule gehören.	36 Betrachtet rechtliche Regelungen in den meisten Fällen als eine Einengung pädagogischer Handlungsmöglichkeiten.
37 Hält Auseinandersetzungen im Kollegium für schädlich.	38 Hält Kontakt zu seinem Personalrat.	39 Nutzt die Möglichkeit, organisatorische Regelungen auf pädagogische Zielvorstellungen abzustimmen.
40 Arbeitet engagiert in Mitwirkungsgremien der Schule mit.	41 Führt sorgfältig das Klassenbuch.	42 Hält Termine genauestens ein.

Was kennzeichnet eine/n gute/n Lehrer/in?

43 Vertritt in der Lehrerkonferenz eine klare Position, auch wenn sie der Mehrheitsmeinung widerspricht.	44 Achtet auf die Einhaltung bestehender Regeln und Vorschriften.	45 Ist der Auffassung, daß Verwaltungsfragen der Schulleitung überlassen bleiben sollten.
46 Stellt in den Konferenzen eigene Beschlußvorlagen / Anträge in schriftlicher Ausarbeitung vor.	47 Glaubt, daß man von Mehrheitsbeschlüssen abweichen darf, wenn sie den eigenen Ziel- und Wertvorstellungen widersprechen.	48 Ist sich der begrenzten Aussagekraft von schulischer Leistungsbeurteilung bewußt.
49 Gibt Schüler/inne/n Hinweise auf effizientere Arbeitsweisen.	50 Bereitet Schüler/innen systematisch auf Prüfungen vor.	51 Legt Wert darauf, daß Sekundärtugenden auf ihre Berechtigung im jeweiligen inhaltlichen Kontext befragt werden.
52 Hält Kontakt zu den Eltern.	53 Beginnt seinen Unterricht pünktlich.	54 Hält die Verläßlichkeit von Regelungen für ein zentrales Erfordernis pädagogischer Arbeit.
55 Arbeitet mit außerschulischen Partnern zusammen.	56 Nimmt seine Aufsichtspflichten wahr.	57 Ist in hohem Maße belastbar.
58 Ist auch außerhalb von offiziellen Sprechstunden für Schüler/innen und Eltern erreichbar.	59 Will durch sein / ihr Vorbild gegenüber den Schüler/innen wirken.	60 Ist bereit, über die normalen schulischen Verpflichtungen hinaus Sonderaufgaben zu übernehmen.
61 Zeigt bei Konferenzen Interesse am schulischen Schicksal von Schüler/inne/n auch über die eigenen Fachgrenzen hinaus.	62 Diskutiert über strittige Fragen mit Schüler/inne/n als gleichberechtigten Partnern.	63 Prüft sich bei der Beurteilung von Schülerleistungen im Hinblick auf mögliche Voreingenommenheiten.

Was kennzeichnet eine/n gute/n Lehrer/in?

64 Wird von Schüler/inne/n und Eltern in wichtigen schulischen Fragen als Ratgeber gewünscht.	65 Hält einheitliche Erziehungsziele und -methoden in der Schule für wichtig.	66 Macht seine Beurteilungsmaßstäbe transparent.
67 Hat Geduld, anderen zuzuhören, bevor eigene Ansichten/Interpretationen vorgetragen werden.	68 Legt Wert darauf, daß Schüler die Autorität von Lehrpersonen akzeptieren.	69 Ist bereit, ein einmal gefaßtes Urteil zu revidieren.
70 Macht Hausbesuche.	71 Erwartet von Schulleitung und Kollegium einheitliches Auftreten gegenüber Schüler/inne/n und Eltern.	72 Schöpft bei der Beurteilung von Schülerleistungen die Notenskala aus.
73 Informiert sich über die außerschulische Situation von Schüler/inne/n.	74 Betrachtet die Existenz unterschiedlicher Wertvorstellungen in einem Kollegium als Voraussetzung pädagogisch produktiver Arbeit.	75 Diskutiert die eigene Beurteilungspraxis im Kollegium.

Weitere Merkmale:

Arbeitsmaterial: Ideensamlung

6 3 5 = 6 Teilnehmer/innen, 3 Ideen, 5 Weitergaben

Ideen zu einem Thema/Problem in Stichworten		
Originalbeitrag		
1. Weitergabe		
2. Weitergabe		
3. Weitergabe		
4. Weitergabe		
5. Weitergabe		

Arbeitsmaterial: Die Zukunftswerkstatt

5 Phasen der Zukunftswerkstatt

1. **Phase: Kritik**
   Einwände und Kritikpunkte sammeln
2. **Phase: Erfindung**
   Vielfältige Lösungsmöglichkeiten ausdenken
3. **Phase: Prüfung**
   Konkrete Utopien vorstellen, analysieren, attackieren, verteidigen
4. **Phase: Durchsetzung**
   Strategien zur Durchsetzung der geplanten Veränderung entwerfen
5. **Phase: Soziales Experiment**
   Geplante Veränderung praktizieren

"(...) Zukunftswerkstätten sind Gelegenheiten, bei denen solche abgetriebenen oder auf Eis gelegten Visionen zum Leben kommen dürfen. Sie können überall eingerichtet werden, wo Menschen zusammenkommen: auf der Straße, unter einem Baum, in Wohnungen, Kneipen, Dachböden, Zelten, Scheunen, zur Not sogar in korrekten Jugendheimen, sterilen Versammlungssälen oder leeren Büros; man kann sie, besetzt und umfunktioniert, zu Freiräumen der unterdrückten sozialen Phantasie machen.

1. Phase: Die erste Etappe auf der Reise in dieses Reich der erdachten Möglichkeiten ist: das laute Aussprechen aller Einwände und Vorwürfe, die man gegen den vorherrschenden Zustand auf jenem Gebiet hat, der zum Gegenstand der Begegnung gewählt wurde, z.B. Arbeit, Arbeitslosigkeit, Schule, Umwelt, Familie, politische Institutionen, Wohnen, Verkehr, Medizin, Freizeit, Energie. In einer Viertelstunde kann meist schon ein umfassender "Beschwerdenkatalog" in Stichworten erstellt werden, die auf langen Papierrollen von Protokollanten für jeden und jede sichtbar in großen Buchstaben auf Zuruf notiert und an Wänden, Baumstämmen, Mauern, Latten aufgehängt werden.

2. Phase: Meist lassen sich diese zahlreichen Detailkritiken unter vier bis fünf Hauptthemen zusammenfassen, die nun zum Gegenstand der zweiten, der eigentlich erfinderischen Phase werden. Ist die Teilnehmerzahl nicht größer als 20 Personen, so können die Teilnehmer zu allen Themen nacheinander Ideen vorsch bringen; sind mehr Menschen beteiligt, dann empfiehlt es sich, für jedes Thema eine eigene Gruppe zu bilden. Eine Grundbedingung bei dem nun gemeinsamen Aussprechen von Ideen sollte sein, daß alle Hemmungen so gut wie es geht vergessen werden. Die Frage, ob ein vorgebrachter Vorschlag "sinnvoll" oder "machbar" sei, darf in dieser Phase nicht gestellt werden. Es herrscht "Narrenfreiheit", und denjenigen, die das für sinnlos, ja gefährlich halten, sei das berühmte Wort des großen Physikers Niels Bohr ins Gedächtnis gerufen, der meinte, wer wirklich Neues erdenken wolle, könne gar nicht genug "verrückt" sein. Der Gruppenprozeß erleichtert erfahrungsgemäß diesen Vorgang, wenn die Gruppe die notwendige Toleranz gegenüber jedem Vorschlag entwickelt, wenn der Phantasieball von einem zum anderen weiter- und höhergetragen wird. Die Ausbeute dieses "Brainstormings" - wiederum in Dutzenden von Stichworten auf Wandzeitungen festgehalten - wird gesichtet, und die interessantesten Vorschläge werden zur genaueren Ausarbeitung an kleine Gruppen übergeben.

3. Phase: In der dritten, der prüfenden Phase kommen endlich Kritik und Erfahrung zum Zug. Die von den Gruppen ausgearbeiteten, möglichst konkreten und detaillierten Utopien werden vorgestellt, analysiert, attackiert und verteidigt. Auch Experten des behandelten Sachgebietes können, falls sie zugegen sind, jetzt ihre Fachkenntnisse und Bedenken einbringen. Sie werden oft (vermutlich sogar fast immer) versuchen zu zeigen, daß die Erfinder entweder etwas erfunden haben, das "es schon längst gibt", oder etwas, das man bereits als "unverwirklichbar" beiseite gelegt hat.

4. Phase: Die Werkstattleute werden sich mit diesem Urteil aber nicht zufriedengeben dürfen. Denn nun werden in einer vierten, der Durchsetzungsphase, Strategien erdacht, die möglicherweise doch eine volle oder wenigstens teilweise Verwirklichung ermöglichen. Wenn nicht unter den bestehenden Bedingungen, dann unter anderen gesetzlichen oder gesellschaftlichen Voraussetzungen, die durch politisches Handeln herbeigeführt werden müssen. (...)

5. Phase: Erstrebenswert ist eine fünfte, eine Phase des "sozialen Experiments", in der von einigen Teilnehmern versucht werden sollte, wann und wo immer das möglich ist, von der sozialen Erfindung zur konkreten sozialen Neuerung vorzustoßen und damit den Prozeß der gesellschaftlichen Entwicklung wenigstens auf einem Teilabschnitt vorwärtszutreiben."

(Aus: **Robert Jungk**: Statt auf den großen Tag zu warten...Über das Pläneschmieden von unten. Ein Bericht aus den Zukunftswerkstätten. In: Kursbuch 53, September 1978: Utopien II. Lust an der Zukunft. Rotbuch:Berlin 1978.)

Hinweise zur Durchführung

Die Übung "Zukunftswerkstatt" wird - je nach Größe der Gesamtgruppe - in unabhängigen Gruppen von etwa 20 Teilnehmer/inne/n durchgeführt.

Themenvorschlag: Die Schule, an der ich als Lehrer/in tätig sein möchte *

1. Phase:

Das Sammeln von Kritik-Punkten geschieht am einfachsten in Form einer Kartenabfrage (besser als der Vorschlag von Jungk, Kritikpunkte auf Wandzeitungen zu sammeln).

Material: Karten, Klebeband, Stifte

Arbeitsauftrag: Notieren Sie in Stichpunkten Ihre Einwände gegen das bestehende Schulwesen, wie es von Ihnen während der Ausbildung erlebt worden ist. (Jeweils ein Stichwort mit Filzstift möglichst groß auf einer Karte notieren. Jede/r beschriftet eine beliebige Zahl von Karten. Siehe hierzu auch: "Kartenabfrage" in Kap. 2, S. 32)

Jede/r klebt die ausgefüllten Karten an die Wand. Lesen, Rückfragen bei inhaltlichen Unklarheiten.

2. Phase:

Die Karten werden **von allen Mitgliedern der Gruppe** durch Umhängen nach Themenfeldern geordnet. Jedes Thema wird durch eine Überschrift (neue Karte) gekennzeichnet.

Zu jedem Themenfeld werden nun wiederum in Form einer Kartenabfrage Vorschläge gesammelt zu der Frage: **Wie/wodurch können die Kritikpunkte beseitigt werden?**

3. Phase:

Die Gruppe teilt sich in Untergruppen: jedes Mitglied entscheidet sich für ein Themenfeld, an dem es gerne weiterarbeiten möchte. Jede Untergruppe nimmt die entsprechenden Karten ihres Themenfeldes als Arbeitsunterlage mit in ihren Gruppenraum. Dort wird dann im Sinne der Beschreibung von Phase 3 inhaltlich gearbeitet. Das Ergebnis kann auf einer Wandzeitung (evtl. für eine Präsentation im Plenum?) zusammengestellt werden.

4. Phase:

Bei hinreichender Zeit kann dann über Realisierungsmöglichkeiten- und Strategien nachgedacht werden. Ein Schwerpunkt kann dabei der Aspekt **Widerstand gegen Wandel** sein, der mit dem Instrument der **Kräftefeldanalyse** thematisiert werden kann.

* Selbstverständlich können statt dessen auch andere Themen nach freier Wahl bearbeitet werden.

Arbeitsmaterial: Widerstand gegen Wandel, Kräftefeldanalyse

Strategie zur Überwindung von Widerstand, der sich gegen angestrebte Veränderungen richtet.

1. Wählen Sie für die Studie einen Bereich, in dem Sie gerne eine Veränderung durchführen wollen. Es kann sich dabei um Verhaltensänderungen bei Ihnen selbst oder bei anderen Personen, um Strukturveränderung oder um die Veränderung von Abläufen in einer Organisation handeln. (Selten ist eine dieser Ebenen isoliert von den anderen zu verändern.)

2. Wählen Sie einen Partner, mit dem Sie diese Übung gemeinsam bearbeiten wollen.

3. Analysieren Sie, (jeder für sich) den gegenwärtigen Zustand des dynamischen Gleichgewichtsverhältnisses:

Welche Kräfte sind **Pro-Kräfte**, d.h. welche sind auf die Herbeiführung der Veränderung gerichtet?

Welche Widerstandskräfte (**Contra-Kräfte**) verhindern die Wirksamkeit oder das Wirksamwerden der Pro-Kräfte?

4. Machen Sie von dem folgenden Diagramm Gebrauch und schreiben Sie zu jedem Vektor das entsprechende Stichwort. Versuchen Sie auch, die Vektoren nach ihrer Stärke zu ordnen, d.h. bei A die stärkste Pro-Kraft, bei B die zweitstärkste Pro-Kraft usw.; ordnen Sie ebenfalls die Contra-Kräfte in entsprechender Weise.

5. In einem dynamischen Gleichgewicht kann eine Veränderung erreicht werden, indem man die Pro-Kräfte stärkt und/oder die Contra-Kräfte zu schwächen versucht.

Machen Sie sich nun zu den einzelnen Vektoren in ihrer Analyse in dieser Hinsicht Gedanken.

6. Teilen Sie Ihrem Partner Ihre Analyse und Ihre Schlußfolgerung mit. Sind die meisten Versuche, eine Veränderung herbeizuführen, von der Natur her "Druck-Kräfte" oder "Auflockerungskräfte"? Warum ist das so?

7. Der Partner hört zu und fragt nach, bis er Ausgangslage und Ergebnis der Analyse versteht.

8. Teilen Sie Ihrer Arbeitsgruppe die wichtigsten Ergebnisse für Ihr Veränderungsprojekt mit.

Quelle: NPI, Holland

(überarbeitet BnK 1980)

Arbeitsmaterial: Kräftefeldanalyse

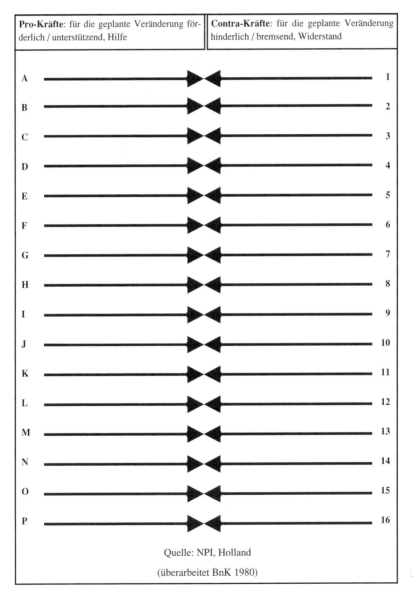

Quelle: NPI, Holland
(überarbeitet BnK 1980)

Arbeitsmaterial: Prozeßanalyse

Zum Vorgehen

Geben Sie an, wieweit Sie mit den untenstehenden Aussagen übereinstimmen. Tun Sie dies zunächst individuell. Nachdem jedes Gruppenmitglied für sich die Punkte 1-14 ausgefüllt hat, zeichnen Sie bitte das untenstehende Schema (ohne die Aussagen) auf einen großen Bogen Papier. Dann gibt jedes Mitglied seine Meinung mit einem Strich im entsprechenden Feld an, damit Sie ein Bild des Gruppengefühls erhalten. Falls dieses Bild in Ihnen den Wunsch nach Diskussion über eventuelle Ursachen weckt, dann diskutieren Sie darüber. Es könnte sich bewähren, dieses Schema an der Wand hängen zu lassen, damit im Verlauf des Seminars auftretende Veränderungen erfaßt werden können.

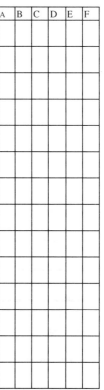

1 Die Gruppe analysierte die Probleme richtig und hinreichend

2 Wir waren uns darüber im klaren, was wir erreichen wollten.

3 Ich war mit der Art zufrieden, wie wir planten, dem Problem auf den Leib rücken.

4 Wir überprüften während der Arbeit laufend die Zweckmäßigkeit unseres Vorgehens.

5 Alle Ideen der Gruppenmitglieder wurden festgehalten.

6 Wir halfen einander und unterstützten uns gegenseitig.

7 Ich hörte aufmerksam zu, wenn andere sprachen.

8 Die anderen hörten aufmerksam zu, wenn ich etwas zu sagen hatte.

9 Meine Fähigkeiten und Erfahrungen kamen voll zur Geltung und wurden von der Gruppe genutzt.

10 Die Fähigkeiten und Erfahrungen der andern kamen voll zur Geltung und wurden von der Gruppe genutzt.

11 Ich fühle mich in meiner Rolle ruhig und wohl.

12 Die Gruppe wurde nicht durch ein oder mehrere Mitglieder dominiert.

13 Es gab keine Konkurrenzkämpfe zwischen Gruppenmitgliedern, die die Effizienz der Arbeit reduzierten.

14 Das Interesse an der Arbeit war groß.

A: Dieser Aussage kann ich vorbehaltlos zustimmen.

B: Dieser Aussage kann ich nur mit einigen Vorbehalten zustimmen.

C: Ich bin nicht ganz sicher, doch würde ich dieser Aussage eher zustimmen.

D: Ich bin nicht ganz sicher, doch würde ich diese Aussage eher ablehnen.

E: Diese Aussage muß ich mit einigen Vorbehalten ablehnen.

F: Diese Aussage muß ich vollständig ablehnen.

5. Zum Verhältnis von schulinterner Entwicklung und Schulmitwirkungsgesetz

Projekte innerschulischer Selbstentwicklung schaffen - gerade auch durch ihre inhaltliche Arbeit - veränderte Beziehungen und etablieren neue Strukturen. Wie in Kapitel 3 verdeutlicht worden ist, stellt in diesem Zusammenhang die Steuergruppe als möglicher Koordinator eines Entwicklungsvorhabens eine so bislang nicht bekannte Einrichtung dar.

Wie fügen sich diese Gegebenheiten in den rechtlichen Rahmen, der durch das Schulmitwirkungsgesetz definiert ist? Kommt es nicht zu einem Konflikt zwischen pädagogischem Anspruch auf Selbsterneuerung und gesetzlich festgelegten Handlungsmöglichkeiten?

Diesen Fragen geht das folgende Kapitel nach; es will damit für mehr Rechtssicherheit bei den Schulleiter/inne/n und Lehrer/inne/n sorgen, die die anspruchsvolle Arbeit schulinterner Selbstentwicklung leisten wollen.

Stehen Selbstentwicklungsprojekte im Sinne von Organisationsentwicklung im Widerspruch zum Schulverwaltungs- und Schulmitwirkungsgesetz?

Der §20 des Schulverwaltungsgesetzes überträgt dem Schulleiter die Verantwortung für die Durchführung der Bildungs- und Erziehungsarbeit sowie für die Verwaltung der Schule. Läßt sich mit dieser Rechtslage ein Verständnis von Schulleitung vereinbaren, das Lehrerinnen und Lehrer über den Unterricht hinaus durch die Übertragung von eigenständig zu erfüllenden Aufgaben stärker in die Verantwortung für ihre Schule einzubinden versucht? Wie ist es in diesem Zusammenhang - auch mit Blick auf das Schulmitwirkungsgesetz - um das Konzept innerschulischer Selbstentwicklung im Sinne von Organisationsentwicklung bestellt, das wesentlich auch von der Delegation von Zuständigkeiten und Aufgaben an Lehrer/innen/teams lebt?

5.1 Ziele und Inhalte innerschulischer Selbstentwicklungsprojekte

In einem innerschulischen Selbstentwicklungsprojekt soll die Schule ihre Fähigkeit stärken, ein konkretes Entwicklungsvorhaben auf der Grundlage einer eigenen Bedarfsanalyse und Zielbestimmung zu planen und durchzuführen. Mögliche Inhalte eines Projektes können sein: "Entwicklung eines Schulprogramms", "Unterrichtspraxis der Lehrer/innen", "Schulklima und Kommunikation", "Kontakte zwischen Schule und Umfeld", "Zusammenarbeit mit den Eltern", "Führungskonzept und -verhalten der Schulleitung", "Innerschulischer Entscheidungsprozeß" etc. In der Auseinandersetzung mit einem Thema der genannten Art soll (evtl. mit Unterstützung durch externe Schulentwicklungsmoderator/inn/en, siehe hierzu Kap.2,S.138) die allgemeine Problemlösungskapazität der Schule in der Weise entwickelt und ausgebaut werden, daß die Schule eine Unabhängigkeit in der Gestaltung künftiger Entwicklungsprozesse erlangt. Inhaltlich müssen die in einem Selbstentwicklungsprojekt angestrebten Veränderungen ihren Nährboden in den Bedürfnissen der Schüler/innen, Lehrer/innen und Inhaber/innen leitender Funktionen finden, so daß die gefundenen Lösungen von denen, die den Entwicklungsprozeß vorantreiben sollen, als die ihren erlebt werden können.

5.2 Organisation eines innerschulischen Selbstentwicklungsprojektes

Die Arbeit in einem Selbstentwicklungsprojekt realisiert sich in Organisationsformen der unterschiedlichsten Art: z.b. in pädagogischen Konferenzen, Arbeitsgemeinschaften, Projektgruppen, unterrichtlichen und außerunterrichtlichen Veranstaltungen.

In der Regel wird in größeren Schulen zur organisatorischen Absicherung eines Selbstentwicklungsprojektes aus Mitgliedern des Kollegiums (und möglichst auch der Schulleitung) eine **Steuergruppe für die Dauer des jeweiligen Entwicklungsvorhabens** gebildet (siehe Kap.3, S.109). Die Steuergruppe **betreut im Rahmen ihrer von der Schule festzulegenden Kompetenzen das jeweilige Entwicklungsvorhaben**, gegebenenfalls ist sie auch der innerschulische Ansprechpartner von externen Schulentwicklungsmoderator/innen (s.o.). Sprecher/in der Steuergruppe kann ein Kollegiumsmitglied sein, das nicht unbedingt der Schulleitung angehören muß.

Besonders in bezug auf die Institution der Steuergruppe ist gelegentlich eine rechtlich argumentierende Kritik am Konzept innerschulischer Selbstentwicklungsprojekte geäußert worden. Die in diesem Zusammenhang vorgetragenen Argumente lauten:

1. Die Steuergruppe übernimmt Aufgaben der Schulleitung, insofern widerspricht sie dem § 20(2) des Schulverwaltungsgesetzes.

2. Die Einrichtung einer Steuergruppe ist im Schulmitwirkungsgesetz nicht vorgesehen, insofern widerspricht sie diesem Gesetz: sie greift in die Rechte der Mitwirkungsorgane ein.

5.3 Delegation als alltägliches Erfordernis

§ 20 (2) SchVG besagt:

"Der Schulleiter leitet die Schule. Er trägt die Verantwortung für die Durchführung der Bildungs- und Erziehungsarbeit in der Schule. Er ist Vorgesetzter aller an der Schule tätigen Personen. Er trägt die Verantwortung für die Verwaltung der Schule. Ihm obliegt die Erledigung der laufenden schulischen Angelegenheiten. Er nimmt das Hausrecht wahr." (Dies ist die Formulierung des nordrheinwestfälischen Schulverwaltungsgesetzes, sie stimmt aber im Prinzip mit den rechtlichen Regelungen zur Stellung des Schulleiters in den anderen Bundesländern überein.)

Aus Abs.1 Satz 2 SchVG, "(*Der Schulleiter*) trägt die Verantwortung für die Verwaltung der Schule", ist nicht abzuleiten, der Schulleiter müsse jeden einzelnen Verwaltungsvorgang selbst bearbeiten, weil er schließlich für dessen Durchführung verantwortlich sei. Bestimmte Aufgaben des schulischen Verwaltungshandelns werden vom Sekretariat wahrgenommen, andere werden (zumindest in größeren Schulen) an Mitglieder des Kollegiums **delegiert; hierbei wird es sich vornehmlich um Aufgaben handeln, bei denen sich Erfordernissse der Pädagogik und der Verwaltung überschneiden.** Gleichwohl bleibt der Schulleiter ohne Einschränkung für die schulische Verwaltung insgesamt **verantwortlich**. Seine Verantwortlichkeit realisiert sich u.a. in der Vorgabe von Zielen für die Verwaltungsarbeit und in der Kontrolle ihrer Ergebnisse. Dieser Sachverhalt kann an der Teilaufgabe "Stundenplanerstellung" verdeutlicht werden. **Zielsetzung, Planung und Entscheidung, Anordnung** sowie **Ausführung** sind vier Dimensionen einer jeden Aufgabenerfüllung, die auch hier unterschieden werden können. In größeren Schulsystemen wird sich der Schulleiter möglicherweise darauf beschränken, durch die Aufstellung der Unterrichtsverteilung (unter Berücksichtigung der §§ 5 und 6 SchMG) bestimmte Zielvorgaben für die Stundenplanung zu machen. Die Stundenplanung selbst wird dann auf dieser Grundlage von einem oder von mehreren Mitgliedern des Kollegiums durchgeführt. Sie erhält aufgrund der erkennbaren Delegation durch den Schulleiter an bestimmte Mitglieder des Kollegiums mit ihrer Bekanntgabe faktisch Anordnungscharakter und ist deshalb von den Lehrerinnen und Lehrern auszuführen. Stellen sich Unzulänglichkeiten der Planung bei der Bekanntgabe oder in der Ausführung heraus, so wird ein Hinweis an die Planer zu einer entsprechenden Überarbeitung führen. In aller Regel wird erst bei gravierenden Einwänden gegen den vorgelegten Stundenplan, etwa wenn die vorgegebenen Ziele problematisch erscheinen, in diesen Prozeß der Revision und Optimierung der Schulleiter wieder eingeschaltet, der - wenn er nicht den Einwand zurückweist - möglicherweise durch eine Modifikation der Zielvorgaben für das Planungsteam tätig wird, dem im übrigen wieder die Umsetzung obliegt.

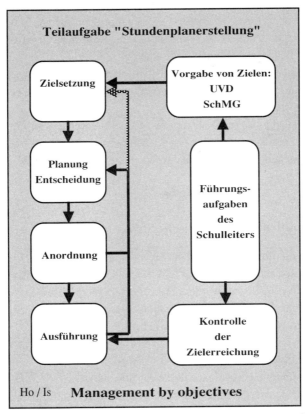

Abbildung 1

Will man dieses Verhältnis in Management-Kategorien ausdrücken, so kann man es als **management by objectives** bezeichnen: **die Leitung überträgt die konkrete Planung und Durchführung der Aufgabe;** sie beschränkt in diesem Falle ihre eigene Tätigkeit auf die **Vorgabe von Zielen** und auf die **Kontrolle, ob in der Ausführung die vorgegebenen Ziele erreicht werden.**

An diesem Beispiel wird deutlich: Delegation von Teilaufgaben aus dem Verantwortungsbereich des Schulleiters ist alltägliche Praxis, sie stellt sich als Problem - wenn überhaupt - somit nicht erst in einem schulinternen Selbstentwicklungsprojekt, etwa wenn innerhalb des Kollegiums eine Steuergruppe mit der Zuständigkeit für bestimmte Teilaufgaben eingerichtet wird.

Aber - so könnte man einwenden - ist Delegation denn nur eine Frage, die das dienstliche Verhältnis von Schulleitung und Kollegium betrifft? Werden nicht durch die Übertragung von Zuständigkeiten auf Personen oder Personengruppen auch die Rechte der Mitwirkungsorgane berührt, erst recht, wenn in einem Selbstentwicklungsprojekt eine Steuergruppe mit besonderen Aufgaben betraut wird?
Zur Klärung dieser Frage soll zunächst die aufbauorganisatorische Struktur der Schule und deren Verhältnis zu den Mitwirkungsorganen betrachtet werden, hieran kann dann die Steuergruppe als temporäre Struktur gemessen werden.

5.4 Die aufbauorganisatorische Struktur der Schule

Will man die Hierarchieebenen der innerschulischen Verwaltung aufbauorganisatorisch abbilden, kann das für viele Schulen durch ein einfaches Stab-Linien-Modell geleistet werden. Dabei besteht die Möglichkeit, durch die Verwendung unterschiedlicher Symbole zwischen **Leitungs-, Stabs- und Ausführungsstellen** zu unterscheiden. Im Sinne dieses aufbauorganisatorischen Modells liegt die Leitungsfunktion beim Schulleiter (SL). Er wird in der Wahrnehmung seiner Aufgabe durch das Sekretariat (SEK) unterstützt, das als Stabsfunktion keine Weisungskompetenz gegenüber dem Lehrpersonal hat: es arbeitet dem Schulleiter zu und berät ihn in speziellen Fragen. Die einzelnen Lehrer/innen (L) sind Ausführungsstellen in bezug auf die Anordnungen des Schulleiters. Die Beziehungen in einer Organisation dieser Art gestalten sich auf zweifache Weise: als Linie (SL-L) und als Stab (SEK-SL). Zu dieser Grundform der Aufbauorganisation existieren zahlreiche Varianten und Alternativen. So kann beispielsweise in gößeren und komplexer strukturierten Schulen zwischen den Schulleiter und die Lehrer/innen eine Ebene von besonderen Funktionsträgern

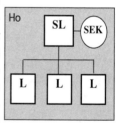

Abbildung 2

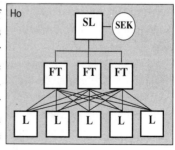

Abbildung 3

(FT) treten, die gegenüber den Lehrpersonen in bestimmten Bereichen aufgrund interner Delegation (oder im Fall der Gesamtschulen durch einen Organisationserlaß) weisungsbefugt sind und die ihrerseits Weisungen vom Schulleiter entgegennehmen. Diese Funktionsträger haben - da sie innerhalb der Linie stehen - begrenzte Leitungsfunktionen. Ein solches System von Leitungs-, Stabs- und Ausführungsstellen bezeichnet man als die **permanente Struktur** einer Schule. (Der Begriff "permanente Struktur" leitet sich von den Aufgaben her, die überdauernden Charakter haben. Auch in einer Schulform, in der es zwischen der Schulleitung und dem Kollegium keine weiteren, förmlich ausgewiesenen Hierarchieebenen gibt, gehören die Personen, die aufgrund interner Absprachen überdauernde Aufgaben wahrnehmen, zur "permanenten Struktur".)

5.5 Verhältnis zu den Mitwirkungsorganen

Das Schulmitwirkungsgesetz regelt das Zusammenspiel der in der Aufbauorganisation erfaßten Leitungs-, Stabs- und Ausführungsstellen mit den Mitwirkungsorganen, insbesondere mit der Schulkonferenz und der Lehrerkonferenz (einschließlich Fach- und Klassenkonferenzen) sowie der Schulpflegschaft und der Schülervertretung. Generell kann die **Funktion der Mitwirkungsorgane** darin gesehen werden, **Grundsätze und Regelungen** für wichtige schulische Aufgaben- und Handlungsfelder **zu beraten, zu empfehlen oder zu beschließen** (Lehrerkonferenz und Schulkonferenz) sowie **die Interessen ihrer Mitglieder zu vertreten** (Schulpflegschaft, Lehrerrat und Schülervertetung). Wenn man so will, kann man in der Schulkonferenz und der Lehrerkonferenz so etwas wie die innerschulische **"Legislative"** sehen, deren Beschlüsse für die schulischen Handlungsträger orientierende bzw. bindende Wirkung haben. Im Sinne dieses Denkmodells wären dann Schulleitung, Funktionsträger und Lehrpersonal als innerschulische **"Exekutive"** zu betrachten. Ihre Aufgabe besteht darin, Beschlüsse der Mitwirkungsorgane inhaltlich vorzubereiten und auszuführen.

Wenn es beispielsweise gemäß § 5 (2) SchMG Aufgabe der Schulkonferenz ist, über die Einführung von Lernmitteln an der Schule zu entscheiden, so wird in aller Regel eine solche Entscheidung inhaltlich durch eine fachdidaktisch fundierte Stellungnahme der betroffenen Fachkonferenz vorbereitet, ohne daß dadurch der Entscheidungsspielraum der Schulkonferenz unzulässig eingeschränkt wird. Zur Formulierung ihrer Stellungnahme wird die Fachkonferenz tunlichst eine Untersuchung verschiedener Lernmittel sowie eine Abwägung ihrer Vor- und Nachteile unternommen haben; ein hierauf basierender Beschlußvorschlag für die Schulkonferenz wird also, wenn die Fachkonferenz ihren Auftrag ernst genommen hat, vor dem Hintergrund denkbarer Alternativen erfolgen. Hat sich die Schulkonferenz schließlich für die Einführung eines bestimmten Lernmittels entschieden, ist es Aufgabe von Schulleitung und Lehrpersonal, für die Umsetzung dieses Beschlusses zu sorgen; im einzelnen heißt das, daß jemand für die Bestellung, Bezahlung, Verteilung und Bevorratung des neu eingeführten Lernmittels zuständig sein muß. Der § 13 (2) SchMG bestimmt: "Der Schulleiter bereitet die Beschlüsse der Schulkonferenz vor und führt sie aus." Daß damit aber nicht gemeint sein kann, die Anschaffung neuer Lernmittel sei nur dann gesetzlich einwandfrei, wenn sich der Schulleiter persönlich um alle Details z.B. einer Buchbestellung kümmert, ist nach den vorangegangenen Ausführungen zum Delegationsprinzip evident: der Schulleiter wird diese Aufgabe im Sinne des management by objectives (oder des management by delegation) nach Beschlußfassung in der Lehrerkonferenz gemäß § 6 (4) SchMG (Verteilung von Sonderaufgaben) einem Kollegiumsmitglied übertragen.

5.6 Die aufbauorganisatorische Einordnung der Steuergruppe

Bislang haben wir uns mit der Frage beschäftigt, wie das "permanente Management" einer Schule mit den Mitwirkungsorganen auf der Grundlage der gesetzlichen Regelungen zusammenwirkt und welche Rolle dabei das Delegationsprinzip spielt. Wie paßt aber die Steuergruppe in diesen Zusammenhang? Wird sie nicht das doch recht komplexe Beziehungsgeflecht zwischen innerschulischer "Legislative" und "Exekutive" auf empfindliche Weise stören?
Diese Frage ist am einfachsten durch einen Blick auf die aufbauorganisatorische Struktur der Schule zu entscheiden. (Dabei sollte man sich vergegenwärtigen, daß die Steuergruppe als Teil der schulischen Organisation in mannigfachen Hinsichten betrachtet werden kann, von denen im Zusammenhang der hier anstehenden Überlegungen ihre praktische Arbeit, ihre Zuständigkeit für das Projektmanagement sowie denkbare psychologische Barrieren gegenüber der Steuergruppe als Institution thematisiert werden sollen. Zu-

nächst soll jedoch der Blick auf den aufbauorganisatorischen Aspekt gelenkt werden.) Prinzipiell sind zwei Grundmuster denkbar, nach denen die Steuergruppe hier eingeordnet werden kann: **als Stab oder als Linienfunktion** (siehe Abbildungen 2 u.3).

Wird die **Steuergruppe als Stab** des Schulleiters definiert, besteht ihre Aufgabe darin, den Schulleiter in bezug auf ein konkretes Entwicklungsvorhaben der Schule inhaltlich und organisatorisch zu **beraten**. Ob und in welchem Ausmaß diese Ratschläge innerschulisch umgesetzt werden, unterliegt in diesem Fall allein der Entscheidung des Schulleiters, die Steuergruppe tritt somit gegenüber den anderen Personen und Gruppen der Schule nicht selbständig in Erscheinung. Die hierarchische Stellung des Schulleiters wird in diesem Fall durch die Existenz einer Steuergruppe ebenso wenig beeinflußt wie durch die Existenz des Schulsekretariats. Ähnliches gilt für das zweite Modell, die Etablierung der **Steuergruppe als Linienfunktion**. Aufbauorganisatorisch läge die Steuergruppe hierbei auf der Ebene der innerschulischen Funktionsträger unterhalb der Schulleiterebene. Ihre Beziehungen zu den Mitwirkungsorganen wären denselben Re-

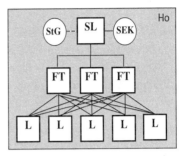

Steuergruppe als Stab

Abbildung 4

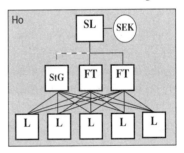

Steuergruppe in der Linie

Abbildung 5

gelungen unterworfen, wie sie auch für die übrigen Linienfunktionen der Schule (z.B. Abteilungsleiter, Vorsitzende der Fachkonferenzen etc.) gelten. In aufbauorganisatorischer Hinsicht stellt also die Steuergruppe, gleichgültig ob als Stabs- oder Linienfunktion, **strukturell** kein neues Element in den innerschulischen Entscheidungsabläufen dar, daher verstößt ihre Einrichtung weder gegen das Schulverwaltungsgesetz noch gegen das Schulmitwirkungsgesetz. Dieser Sachverhalt wird noch weiter untermauert, wenn man einen Blick auf die praktische Arbeit einer Steuergruppe wirft.

5.7 Praxisbeispiel für die Arbeit einer Steuergruppe

Nehmen wir an, die Lehrerkonferenz einer Schule hat gemäß § 6 (3) SchMG beschlossen, an der Schule eine Selbstuntersuchung im Sinne eines innerschulischen Selbstentwicklungsprojektes durchzuführen, um der pädagogischen Gestaltung der Bildungs- und Erziehungsarbeit neue Impulse zu geben. Als Ergebnis dieser Selbstuntersuchung hat sich der Wunsch des Kollegiums herauskristallisiert, neue Arbeitsformen im Unterricht zu etablieren. Auf dieser Grundlage faßt die Schulkonferenz nach ausgiebiger Beratung gemäß § 5 SchMG den Beschluß, in den Jahrgangsstufen 5 - 7 Freiarbeit einzuführen. Diese Grundsatzentscheidung hat eine Anzahl von praktischen Problemen zur Folge:

1.) Zwar hat das Kollegium eine ungefähre Vorstellung von Freiarbeit, gleichwohl ist für die Realisierung der neuen Arbeitsform an der eigenen Schule detailliertes Fachwissen erforderlich, das z.B. in Form einer kollegiumsinternen Fortbildung erarbeitet werden könnte. Hierzu sind inhaltliche und organisatorische Vorarbeiten zu leisten.

2.) Für die unterrichtspraktische Umsetzung von Freiarbeit werden in den Fächern umfangreiche und höchst unterschiedliche Materialien benötigt. Einzelne der Materialien sind käuflich zu erwerben, die Mehrzahl wird allerdings vom Kollegium selbst herzustellen sein. Dabei werden Abstimmungen innerhalb und zwischen den Fachkonferenzen erforderlich.

3.) Neben der Erarbeitung von Fachkenntnissen und der Bereitstellung von Arbeitsmaterialien stellt sich die Aufgabe, ein pädagogisches Konzept für die Freiarbeit zu erarbeiten: Wie ist Freiarbeit in der Stundentafel der Jahrgangsstufen 5 bis 7 unterzubringen: als fachbezogenes oder fachübergreifendes Angebot? Welche Lehrkräfte sind im einzelnen zu beteiligen? Wenn Freiarbeit als fachbezogene Maßnahme durchgeführt werden soll, welche Fächer sind hiervon betroffen? In welchem zeitlichen Umfang? Welche Konsequenzen sind aus der Beantwortung dieser Fragen für die Unterrichtsverteilung und Stundenplanung zu ziehen?

4.) Freiarbeit hat offensichtlich weitreichende Konsequenzen für die Gestaltung der pädagogischen Arbeit an der Schule. Dies ist sicherlich nicht denkbar ohne eine genaue Abstimmung mit der zuständigen Schulaufsicht und u.U. auch mit dem Schulträger, der möglicherweise für die erforderliche sächliche Ausstattung der Schule zusätzliche Mittel bereitstellen muß (z.B. für die Beschaffung von Arbeitsmaterialien und die Bereitstellung von Materialschränken.)

Bereits diese kurze Auflistung macht deutlich, daß die Einführung von Freiarbeit eine hoch komplexe Aufgabenstellung darstellt, zu deren Bewältigung die unterschiedlichen Mitwirkungsorgane sowie die Handlungs- und Funktionsträger der Schule in besonderem Maße gefordert sind. Manche der Aufgaben werden in Schul-, Lehrer- und Fachkonferenzen zu bewältigen sein, manche Aufgaben sind aber auch von einem Zuschnitt, der die Grenzen eines bestimmten Gremiums zu überschreiten zwingt: hier werden themenbezogene Arbeitsgruppen von Lehrpersonen und Eltern zu bilden sein. Schließlich ist eine Menge von Koordinierungsarbeit zu leisten, um die einzelnen Arbeitsschritte auf den verschiedenen Ebenen zeitlich und funktional aufeinander abzustimmen, um Reibungsverluste möglichst gering zu halten. Die Summe der hier auftretenden Aufgaben bezeichnet man in der Organisationslehre als "**Projektmanagement**".

Zur Verdeutlichung dieses Begriffes kann auf Definitionen von P.Rinza zurückgegriffen werden:Ein Projekt ist nach RINZA durch die Merkmale "einmaliger Ablauf", "komplexe Struktur", "festgelegtes Ziel" und "vorgegebener Schlußtermin" charakterisiert. Unter Management versteht man einerseits die Aufgaben der Planung, Überwachung und Steuerung eines Projektes sowie andererseits die Institution, die diese Aufgabe durchführt. Innerhalb einer Organisation unterscheidet sich diesen Begriffsbestimmungen zufolge das Projektmanagement vom permanenten Management in der zeitlichen Begrenztheit seiner Zuständigkeit: unter Projektmanagement versteht man sowohl das Konzept für die Leitung eines komplexen Vorhabens als auch die Institution, die dieses Vorhaben leitet. (Siehe hierzu auch die Graphik in Kap.2, S. 66)

Projektmanagement in diesem Sinne kann prinzipiell von verschiedenen Personen innerhalb der Schule wahrgenommen werden: zunächst und selbstverständlich vom Schulleiter oder den einzelnen Funktionsträgern unterhalb der Schulleiterebene. Neben der Belastung dieser Personengruppe durch die zusätzliche Aufgabe des Projektmanagements spricht aber auch noch ein psychologischer Grund dafür, diese Aufgabe nicht bei der Schulleitung anzusiedeln, sondern sie nach Möglichkeit wenigstens teilweise ins Kollegium zu verlagern: die Identifikation des Kollegiums mit dem neuen Projekt wächst, wenn in seiner Zuständigkeit nicht nur ausführende Aufgaben liegen, sondern auch verantwortungsvollere Tätigkeiten aus dem Bereich der Planung, der Abstimmung und partiell auch der Kontrolle. Werden diese Zuständigkeiten für das Projekt einer Gruppe aus dem Kollegium überantwortet, so wird das zugrundeliegende Führungsstilkonzept der Schulleitung als **management by projects** eingeordnet. Im Rahmen innerschulischer Selbstentwicklung ist die Steuergruppe die Institution, die mit dem Projektmanagement betraut werden kann. Da ihre Zuständigkeit mit der Erledigung des Projektauftrages endet, bezeichnet man die Steuergruppe als "temporäre Struktur" oder als "temporäres Management". Sie unterscheidet sich also nicht strukturell von den übrigen Funktionsträgern innerhalb der Schule, sondern durch die zeitliche Begrenztheit ihres inhaltlichen Auftrages. Aus dieser Eigentümlichkeit sowie aus der Tatsache, daß die Steuergruppe wenigstens zum Teil aus Personen zusammengesetzt ist, die nicht schon auch als Angehörige des "permanenten Managements" Funktionsträger innerhalb der Schule sind, ergeben sich gegenüber der Steuergruppe psychologische Barrieren unterschiedlicher Ausprägung, die in einer engen Beziehung zur Art der aufbauorganisatorischen Einordnung der Steuergruppe stehen.

5.8 Psychologische Barrieren gegenüber der Steuergruppe

Diese Barrieren entstehen unabhängig von der Frage der Rechtmäßigkeit der Steuergruppe. Sie haben zu tun mit ihrem temporären Status und dem sich daraus ergebenden besonderen Verhältnis zu den Angehörigen des permanenten Managements und der Art und Weise, wie dieses Verhältnis **sozial wahrgenommen** wird (Siehe hierzu auch Kap. 2: Widerstand gegen Wandel, S. 95).

Bei der Einordnung der Steuergruppe als Stabsfunktion (siehe Abbildung 4) werden die psychologischen Barrieren wohl vornehmlich bei den Mitgliedern der Steuergruppe selbst entstehen, da sie ja wegen der spezifischen Aufgabe eines Stabes keinerlei direkte Einwirkungsmöglichkeiten auf den innerschulischen Entwicklungsprozeß haben, sondern in dieser Hinsicht ausschließlich von den Entscheidungen des Schulleiters abhängig sind.

Wird dagegen die Steuergruppe als Linienfunktion (Abbildung 5) definiert, ergeben sich die Barrieren sowohl aus der Sicht der übrigen - permanenten - Funktionsträger wie aus der Perspektive des Kollegiums. Die permanenten Funktionsträger werden die Steuergruppe als ein Element der Konkurrenz in einem Bereich erleben, der bislang ausschließlich ihnen vorbehalten gewesen ist; in der Praxis schulischer Arbeit kann dies zu Unklarheiten im Hinblick auf die Verbindlichkeit bestimmter Weisungen führen. Ein solcher Effekt wird noch dadurch verstärkt, daß die Kollegiumsmitglieder bislang ranggleiche Personen als Steuergruppenmitglieder erleben, die in bestimmten Bereichen, die das konkrete Entwicklungsprojekt betreffen, quasi Leitungsfunktionen bzw. Segmente von Leitungsfunktionen ausüben (wollen). Das Ergebnis unserer Überlegungen zeigt: wenn auch die Institution der Steuergruppe als besondere Ausformung des Delegationsprinzips rechtlich möglich und strukturell mit den offiziellen Entscheidungsabläufen in der Schule vereinbar ist, kann ihre aufbauorganisatorische Einordnung als Stabs- oder Linienfunktion in der schulischen Praxis zu Unklarheiten führen, die mit dem temporären Charakter der Steuergruppe zusammenhängen. Aus der Sicht eines Konzeptes innerschulischer Selbstentwicklung stellt sich damit die Frage, ob diese unerwünschte "Nebenwirkung" vermieden werden kann, da die Steuergruppe ja zugleich für die Identifikation des Kollegiums mit dem Entwicklungsprojekt eine große Bedeutung hat und zudem die Schulleitung von zusätzlichen Aufgaben entlasten kann.

5.9 Die Steuergruppe in der Matrixorganisation

Bislang haben wir die Steuergruppe als reine Stabs- oder Linienfunktion verstanden, die Organisationslehre stellt jedoch eine weitere Möglichkeit bereit, die **Matrixorganisation**, die gleichsam als Spezialfall der Linienfunktion deren inhaltliche Effektivität mit einer besseren Vereinbarkeit temporärer Strukturen mit den permanenten Strukturen verbindet. Die folgende schematische Darstellung unterscheidet Stab, Linie und Matrix im Hinblick auf die Art der Einflußnahme, die jeweils auf das Entwicklungsprojekt ausgeübt werden kann.

Organisatorische Einbindung	Projekt-Management (temporär)	Funktions-Management (permanent)
Stab	Information / Beratung	Entscheidung
Matrix	Projektverantwortung	disziplinarische Weisungsbefugnis
Linie	Entscheidung	Information / Beratung

Abbildung 7

Nach: **W.H. Staehle, Management.** Eine verhaltenswissenschaftliche Perspektive. Verlag Franz Vahlen, München 1989, S. 708

Die Übersicht macht deutlich, daß die Eigentümlichkeit der Matrix-Organisation darin besteht, daß sich das (temporäre) Projektmanagement und das (permanente) Funktionsmanagement die Zuständigkeit teilen: das Projektmanagement trägt die inhaltliche Projektverantwortung, während das Funktionsmanagement die Verbindlichkeit der für das Projekt erforderlichen Maßnahmen und Beschlüsse sichert. Auf diese Weise kommen beide Institutionen zu ihrem Recht: das Projektmanagement hat die Möglichkeit einer direkten inhaltlichen Einwirkung auf das geplante Entwicklungsvorhaben, wobei das Funktionsmanagement (und mit ihm natürlich auch die Mitwirkungsorgane) in ihrer Entscheidungsbefugnis nicht eingeschränkt, sondern geradezu gefordert sind.

Zur besseren Veranschaulichung sei dieser Sachverhalt auf das Beispiel "Einführung der Freiarbeit in den Jahrgangsstufen 5 - 7 als Entwicklungsprojekt" bezogen. Schulleiter und Stufenleiter (siehe Abbildung 8) repräsentieren das Funktionsmanagement, während die Steuergruppe (Projektleitung "Freie Arbeit") das Projektmanagement wahrnimmt. Die Steuergruppe ist dafür zuständig, alle inhaltlichen Voraussetzungen für die Entwicklung des Projektes zu schaffen. Damit diese aber überhaupt wirksam werden können, werden Beschlüsse von Fachkonferenzen, Jahrgangsstufenkonferenzen, der Lehrerkonferenz sowie der Schulkonferenz erforderlich sein. Die rechtmäßige Einberufung und Durchführung sowie die rechtliche Gewährleistung ihrer Beschlüsse obliegt den vom Schulmitwirkungsgesetz vorgesehenen Funktionsträgern bzw. dem Schulleiter.

Projektmanagement in der Matrix

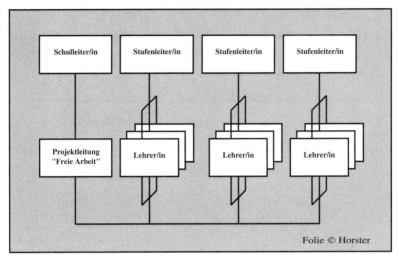

Abbildung **8**

In diesem Sinne erscheint die Matrix-Organisation als die aufbauorganisatorische Struktur, die die rechtlichen Bedingungen und psychologischen Erfordernisse einer zeitlich begrenzten Delegation inhaltlicher Zuständigkeiten in ein der Sache zuträgliches Verhältnis bringt.

5.10 Innerschulische Selbstentwicklung und pädagogische Leitung

Bislang haben wir uns mit der Frage beschäftigt, ob das Selbstentwicklungsprojekt mit den gesetzlichen Regelungen über die Zuständigkeiten des Schulleiters und der Mitwirkungsorgane vereinbar sei. Die in diesem Zusammenhang vorgetragene Argumentation ist von eher defensivem Charakter: es ist vor allem gezeigt worden, daß gegen das Selbstentwicklungsprojekt aus rechtlicher Sicht nichts einzuwenden ist. Dabei haben wir uns ausschließlich mit der **Verantwortung des Schulleiters für die Verwaltung** der Schule beschäftigt. Einen anderen Stellenwert erhält die Frage nach dem Selbstentwicklungsprojekt, wenn wir unsere Aufmerksamkeit auf die **Verantwortung des Schulleiters für die Durchführung der Bildungs- und**

Erziehungsarbeit in der Schule lenken. Welche konkreten Möglichkeiten hat der Schulleiter, diese Verantwortung inhaltlich wahrzunehmen? Zur Ausschärfung dieser Frage soll ein auf den ersten Blick vielleicht technizistisch wirkendes Modell dienen, das aber den Vorteil hat, präzise die Stellen zu markieren, auf die sich Verantwortung für die Durchführung der Bildungs- und Erziehungsarbeit theoretisch und praktisch beziehen kann.

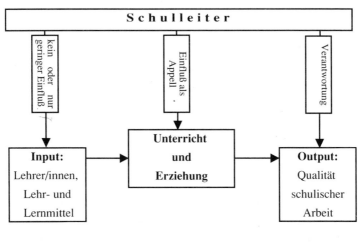

Abbildung 9

Überträgt man die in der Graphik dargestellten Verhältnisse auf die Situation eines Betriebsleiters in einem Industrieunternehmen, so bedeutet das: der Betriebsleiter hat keinen oder nur sehr geringen Einfluß auf die Auswahl der Mitarbeiter und die Anschaffung der Produktionsmittel, auf den Produktionsprozeß kann er allenfalls durch Appelle einwirken, ohne daß ihm für den Fall von Fehlleistungen Sanktionsmittel zur Verfügung stehen, gleichwohl ist er für die Qualität des unter seiner Leitung hergestellten Produktes verantwortlich. **Die Schulleiterfunktion ist,** folgt man diesem Denkmodell, **durch eine funktionale Dissonanz von Einflußmöglichkeit und Verantwortung gekennzeichnet.** Die Frage ist, wie die Lücke zwischen beschränktem direkten Einfluß und umfassender Verantwortung geschlossen werden kann. Die traditionelle Antwort vornehmlich bürokratischer Systeme, die Qualität des "outputs" durch dienstliche Weisung zu beeinflussen und zu sichern, versagt angesichts der Komplexität der pädagogischen Aufgabe und des hierauf gerichteten Handelns. Empirische Untersuchungen zur Qualität von Schule zeigen,

..."daß in guten Schulen überdurchschnittlich häufig eine systematische Zusammenarbeit zwischen Lehrern zu registrieren war. Eine gute Schule ist eben kein System, das sich aus einer Vielzahl von `Einzelkämpfern´ zusammensetzt, sondern sie stellt sich als zusammenhängendes Ganzes dar. Die Zusammenarbeit von Lehrern an guten Schulen drückt sich vor allem aus
- in einem starken Konsens bezüglich didaktisch-methodischer Fragen,
- in der ständigen Abstimmung des Unterrichts besonders hinsichtlich curricularer Fragen (z.B. wie bestimmte Ziele konzeptuell gesichert werden können) und
- in einer ständigen gemeinsamen Erörterung und Festlegung von übergreifenden Verhaltensregeln (...)
Erfolgreiche Schulen unterscheiden sich von weniger erfolgreichen auch dadurch, daß bei ihnen die "Artikulation" des Curriculums eine bedeutende Rolle spielt. Sinngemäß könnte dies etwa bedeuten, daß der Lehrplan an diesen Schulen nicht einfach als ein "Instrument" unter vielen betrachtet wird, (...) sondern als Aufforderung, ihm ein schulspezifisches Gepräge (Schulprogramm) zu verleihen.(...) Ein weiteres Kennzeichen guter Schulen ist die systematische Organisation von schulinternen Maßnahmen zur Fortbildung des Kollegiums. Diese sind eng auf das Programm der Schule bezogen sowie an den Nöten und Bedürfnissen der Lehrer ausgerichtet." (6)

Schon diese sehr ausschnitthafte Darstellung von Ergebnissen empirischer Schulforschung macht deutlich, daß gegenüber dem Bürokratiemodell ein neues Verständnis von pädagogischer Leitung erforderlich ist, um die Verantwortung für die Durchführung der Bildungs- und Erziehungsarbeit nicht nur als formale Zuständigkeit wahrnehmen zu können. Vor dem Hintergrund der zitierten Ergebnisse werden Schulleiter sich nicht darauf beschränken, im Einzelfall und bei evidenten Mißständen in Form von Appellen "nachzusteuern", sondern sie werden ihre Rolle eher darin sehen, planvolle Prozesse pädagogischer Kommunikation und Reflexion in ihrer Schule zu initiieren.

Das Konzept innerschulischer Selbstentwicklung, das auf den **Prinzipien der Selbstuntersuchung, Selbstklärung und Selbstentwicklung einer Schule** und ihres Kollegiums beruht, kann hierbei eine wichtige Hilfe sein.

Literatur

Schulverwaltungsgesetz (SchVG) in der Fassung der Bekanntmachung vom 21. Juni 1981

Gesetz über die Mitwirkung im Schulwesen - Schulmitwirkungsgesetz (SchMG) - vom 13. Dezember 1977

Schulmanagement 2/91. Die Zeitschrift für Schulleitung und Schulpraxis. SL Verlag GmbH Braunschweig

Peter Rinza, Projektmanagement. Planung, Überwachung und Steuerung von technischen und nichttechnischen Vorhaben. VDI-Verlag, Düsseldorf 1976, S. 4

Nach:**W.H. Staehle**, Management. Eine verhaltenswissenschaftliche Perspektive. Verlag Franz Vahlen, München 1989, S. 708

Hans Haenisch, Was ist eine "gute" Schule? Empirische Forschungsergebnisse und Anregungen für die Schulpraxis. Arbeitsberichte zur Curriculumentwicklung, Schul- und Unterrichtsforschung. LSW Soest 1985, S. 6 ff.

6. Schulinterne Entwicklung in der Praxis
Ein Fallbeispiel

Das Fallbeispiel zeigt den Realverlauf eines innerschulischen Entwicklungsprozesses in seinen wesentlichen Phasen. Ausführlich werden die hierbei auftretenden Probleme erörtert und die zu ihrer Bearbeitung geeigneten Verfahren vorgestellt.
Insofern bietet das Kapitel einen guten Überblick für die Leser/innen, die noch über keine persönlichen Erfahrungen im Umgang mit Gegenständen, Methoden und Instrumenten der Organisationsentwicklung verfügen. Hier sollte die Lektüre dieses Kapitels vor dem Versuch einer praktischen Erprobung der in Kapitel 2 vorgestellten Verfahren stehen.
Das Fallbeispiel ist überdies so ausgewählt, daß an ihm auch die Rolle und Arbeitsweise von Schulentwicklungsmoderator/inn/en anschaulich gemacht werden kann, deren mögliche Beteiligung im Kapitel 2 diskutiert wird.
Zur terminologischen Klärung sei vorab noch erwähnt, daß mit dem in Kapitel 6 verwendeten Begriff "Institutionelles Schulentwicklungsprogramm (ISP)" ein Projekt innerschulischer Selbstentwicklung gemeint ist, das die gesamte Schule umfaßt, mit Unterstützung von externen Moderator/inn/en durchgeführt wird und eine Phasenfolge von der Initiierung bis zur Institutionalisierung durchläuft. Damit reicht dieses Projekt sowohl in seinem Umfang als auch in der Nutzung externer Unterstützung über die in Kapitel 2 gestellten Ansprüche hinaus.

6.1 Das Institutionelle Schulentwicklungsprogramm (ISP)

Die Selbstentwicklung einer Schule im Sinne eines Institutionellen Schulentwicklungsprogramms (ISP) nimmt ihren Ausgang von den konkreten Bedürfnissen der Schule, orientiert sich an Zielen, die von den in der Schule tätigen Personen gemeinsam definiert worden sind und realisiert sich in Arbeitsformen, die den besonderen organisatorischen Rahmenbedingungen und personellen Möglichkeiten der jeweiligen Schule entsprechen. Insofern vollzieht sich die Selbstentwicklung im ISP als "maßgeschneiderter" Prozeß, für den es gleichwohl ein Grundmuster gibt, das den aktuellen Bedingungen angepaßt werden muß. Dieses Grundmuster soll durch das folgende Phasenschema verdeutlicht werden. Die Ausführungen zum ISP-Fallbeispiel orientieren sich hieran.

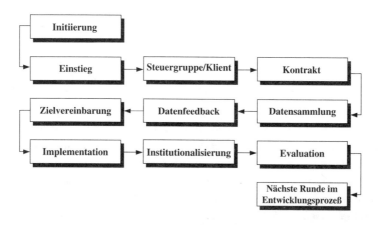

ISP: Phasenschema   (1)

6.2 Die Schule

Die Hauptschule in N., einer Kreisstadt von etwa 150 000 Einwohnern, gilt als pädagogisch aufgeschlossen und "innovationserfahren", ein Maßstab hierfür ist u.a., daß "das Fernsehen" in der Vergangenheit schon über besondere pädagogische Aktivitäten an dieser Schule berichtet hat.
Die Schule zählt etwa 500 Schüler und Schülerinnen in 21 Klassen, die von 40 Lehrern und Lehrerinnen (27 - 48 Jahre alt) unterrichtet werden.
Der soziale Einzugsbereich der Schule ist durch einen hohen Anteil von Schülern und Schülerinnen aus sozial schwachen Familien sowie einen hohen Ausländeranteil (92 Türken, 23 Spätaussiedler) bestimmt.
Nur etwa 25% der Schüler und Schülerinnen sind normal eingeschult: es gibt zahlreiche Wiederholer, insgesamt ist die Schülerschaft stark überaltert.
In einer telefonischen Kontaktaufnahme verabredet sich der Schulleiter mit zwei Moderatoren für Schulentwicklung zu einem ersten Treffen.

6.3 Die Moderatoren für Schulentwicklung

Das Moderatorenteam besteht aus zwei Personen: der Leiterin einer Realschule und einem Hauptseminarleiter eines Studienseminars für die Sekundarstufe II. Die berufliche Otrientierung der beiden Moderatoren verdeutlicht, daß ihre Rolle in einem Institutionellen Schulentwicklungsprogramm (ISP) **nicht** die von **Experten** für bestimmte Sachfragen oder schulformspezifische Probleme sein kann: Moderatoren und Moderatorinnen für Schulentwicklung sind **Prozeßhelfer**, die eine Schule darin unterstützen, einen Entwicklungsprozeß zu selbst gewählten Zielen unter Berücksichtigung ihrer konkreten Bedingungen planvoll und reflektiert zu durchlaufen. Auf diese Aufgabe ist das Moderatorenteam in einer zweijährigen theoretischen und schulpraktischen Ausbildung vorbereitet worden.

Bei ihrem ersten Treffen mit dem Schulleiter erhalten die Moderatoren einen Einblick in die Motive des Schulleiters, für seine Schule ein Institutionelles Schulentwicklungsprogramm anzustreben.

6.4 Die Schule aus der Sicht des Schulleiters

Der Schulleiter führt aus: Die Schule benötigt eher Sozialarbeiter als Lehrer. Der Unterricht muß anders sein als an anderen Schulen. Im 8., 9. und 10. Schuljahr werden daher insgesamt drei Betriebspraktika für alle Schüler/innen durchgeführt. Im 7. Schuljahr bietet ein Betriebserkundungsprogramm einen Überblick über verschiedene Berufe. Zusätzlich werden Landpraktika auf Bauernhöfen in Niedersachsen durchgeführt. Durch all diese Maßnahmen können etwa 90% der Schüler/innen in Berufe vermittelt werden, damit haben die Absolventen der Schule relativ gute Berufschancen. Im unterrichtlichen Bereich sollen motivierende Lernangebote den Schüler/inne/n viele Erfolgserlebnisse vermitteln: jeder Schüler hat wöchentlich 4 Stunden Sport und 2 Stunden Arbeitsgemeinschaft. Insgesamt bietet die Schule 40 unterschiedliche Kurse im Wahlpflichtbereich an, darunter viele Angebote im technischen und naturwissenschaftlichen Bereich.

Relativ viele Schüler verfügen über "Knast-Erfahrungen". Trotzdem ist es gelungen, Aggressivität und Vandalismus an der Schule spürbar zu senken. Der Schulleiter führt dies u.a. auf ein handlungsorientiertes Konzept von Unterricht zurück (Schülerexperimente, starke Betonung der Technik), das seit etwa 1980 eingeführt worden ist.

Aktuelle Probleme im Hinblick auf Leistungsfähigkeit und Sozialverhalten der Schüler und Schülerinnen sieht der Schulleiter darin, daß die Lese- und Rechtschreibschwäche vieler Schüler und Schülerinnen nicht spürbar zu beheben ist, daß bestimmte Verhaltensweisen im privaten Bereich (Kleinkriminalität) kaum zu korrigieren sind, wogegen im schulischen Bereich inzwischen vieles aufgefangen werden konnte.

Anschließend erläutert der Schulleiter, warum er an einem Institutionellen Schulentwicklungsprogramm (ISP) und damit auch an einer Zusammenarbeit mit Moderatoren für Schulentwicklung interessiert ist.

6.5 Die Motive des Schulleiters

Der Schulleiter sucht für seine Schule ein neues Konzept, um Disziplinschwierigkeiten und eine Haltung der Leistungsverweigerung zu beheben. Er ist sich aber noch nicht sicher, wie dieses Konzept inhaltlich im einzelnen aussehen soll. Vielleicht kann das gewünschte Resultat durch Freiarbeit erreicht werden.

Der Schulleiter hat überdies über die Möglichkeit nachgedacht, einen Sozialarbeiter einzustellen, allerdings ist eine solche Maßnahme für die Stadt gegenwärtig nicht finanzierbar. Vielleicht gibt es aber auch eine andere Lösung, z.B. die Einrichtung einer "Werkstattschule" mit den Schwerpunkten Büro/Werkstatt/Labor. Das Problem ist auch hier die Finanzierung.

Um das Verhältnis zwischen Schüler/inne/n und Lehrer/inne/n genauer zu untersuchen, ist kürzlich ein Fragebogen zum Thema "Unterrichtsstörungen" an die Schüler/innen ausgegeben worden. Eine flüchtige Durchsicht hat ergeben, daß nach Meinung der Schüler/innen Unterrichtsstörungen durch langweiligen Unterricht verursacht werden. Die Lehrer/innen hingegen halten ihren Unterricht für angemessen. Das Selbstbild der Lehrer/innen ist bestimmt durch Verständnis und Geduld für die Schüler/innen, die Schüler/innen hingegen erleben die Lehrer/innen als nörgelnd und schimpfend. Die Lehrer/innen wiederum halten dies für eine Schutzbehauptung der Schüler/innen.

Die Moderatoren für Schulentwicklung verabreden zum Abschluß der Vorbesprechung mit dem Schulleiter und einer Vertreterin des Lehrerrates einen Termin, bei dem sie sich dem Kollegium in einer Lehrerkonferenz vorstellen und die Möglichkeiten eines Institutionellen Schulentwicklungsprogrammes erläutern wollen. Das Kollegium soll dann auf dieser Grundlage entscheiden, ob ein derartiges Projekt mit Begleitung durch externe Moderatoren für Schulentwicklung durchgeführt werden soll.

6.6 Die Lehrerkonferenz

In der Lehrerkonferenz der Hauptschule erläutern die beiden Moderatoren die Arbeit in einem Institutionellen Schulentwicklungsprogramm auf der Grundlage des Phasenschemas zum ISP (siehe Abbildung). Das Kollegium erfährt Einzelheiten über Prinzipien, Ziele und Methoden des ISP. Besondere Aufmerksamkeit richtet sich auf die Rolle der Moderatoren für Schulentwicklung. Im Kollegium bestehen gewisse Befürchtungen, die Moderatoren könnten als "verlängerter Arm" der Schulleitung oder der Schulaufsicht Kontrollfunktionen gegenüber dem Kollegium wahrnehmen. Anhand von Beispielen muß daher geklärt werden, was unter dem Begriff "Prozeßhelfer" zu verstehen ist. In diesem Zusammenhang wird auch geklärt, daß die Moderatoren für Schulentwicklung ihre Leistungen nicht gegenüber der Schule insgesamt erbringen,

> **Prinzipien des ISP**
>
> 1. Alle Mitglieder der Schulgemeinde haben das gleiche Recht, an der Gestaltung ihres Arbeitsplatzes mitzuwirken.
>
> 2. Verschiedene Sichtweisen der schulischen Arbeit sind sowohl bei der Planung als auch bei der Durchführung von Neuerungen unbedingt erforderlich.
>
> 3. Normalerweise werden Gespräche über und Initiativen zur Entwicklung der Schule von der offiziell gewählten Leitung und den Aktivsten und den Wortgewandtesten beherrscht. Organisationsentwicklung möchte auch zurückhaltenderen Kolleg/inne/n zu aktiver Beteiligung verhelfen.
>
> 4. Die Arbeit ist prozeßorientiert. Es ist daher wichtig, daß die Schule ihre Arbeitsweisen kritisch einschätzt und andere Arten der Zusammenarbeit und der Problemlösung in dem Maße lernt, wie solche Bedürfnisse aufgedeckt werden. Es ist die Aufgabe der Schulentwicklungsmoderator/inne/n, diesen Prozeß zu unterstützen und zu erleichtern.
>
> 5. Soll die Schule sich das ISP wirklich zu eigen machen und so bald wie möglich die notwendigen Prozesse selbst bewältigen können, müssen konkrete, einfache Hilfsmittel bereitgestellt werden, die von der Schulleitung und von Lehrer/inne/n und Schüler/inne/n ohne Beistand von außen benutzt werden können. (2)

sondern mit einer sog. "Steuergruppe" aus sieben bis acht Personen aus dem Kollegium zusammenarbeiten, die den innerschulischen Entwicklungsprozeß gemeinsam mit dem Kollegium plant und durchführt und hinsichtlich der angestrebten Ergebnisse kontrolliert. Im Anschluß an die Information durch die Moderatoren faßt die Lehrerkonferenz den Grundsatzbeschluß, ein Institutionelles Schulentwicklungsprogramm zu durchlaufen und dabei mit externen Moderatoren zusammenzuarbeiten. Außerdem werden die Mitglieder der Steuergruppe gewählt, die künftig die innerschulischen Ansprechpartner der Moderatoren darstellen sollen.

6.7 Die Steuergruppe

Die Mitglieder der Steuergruppe, die sich nach der Wahl durch die Lehrerkonferenz mit den Moderatoren zu einer ersten gemeinsamen Sitzung getroffen haben, um die weitere Vorgehensweise zu beraten, besitzen bislang noch keine gemeinsame Vorstellung über sich selbst als Gruppe. Die Beweggründe, aus denen heraus jedes einzelne Mitglied sich für die Arbeit interessiert hat, sind in der Gruppe bislang unbekannt. Entsprechend kommen die Mitglieder der Steuergruppe überein, als Voraussetzung für einen **Teambildungsprozeß** ihre jeweiligen Motive darzustellen und zu vergleichen.

Außerdem ist die Frage zu klären, in welcher Weise ein dauerhafter Kontakt zur Schulleitung als Grundlage für die Arbeit im ISP hergestellt werden soll. Alle für die weitere Arbeit wichtigen Vereinbarungen sollen in einem **Kontrakt** förmlich festgehalten werden.

Die Motive der einzelnen Mitglieder der Steuergruppe werden auf Vorschlag der Moderatoren im Brainstorming-Verfahren erhoben. Im einzelnen werden folgende Beweggründe genannt:

* Der Wunsch, neue Erfahrungen machen zu können, neue Verfahrensweisen kennenzulernen; die Hoffnung, im Kollegium zu einer zielgerichteten Zusammenarbeit zu kommen; positiv ist die Freiheit, jederzeit aus dem Projekt aussteigen zu können.

* Die Hoffnung, zu einer Profilierung der Schule beitragen zu können: besondere Aktivitäten, die sich bislang in Arbeitsgemeinschaften abspielen, müssen in den Kernbereich der Schule integriert werden.

* Die Chance zur Klimaverbesserung: an die Motivation der Kolleg/inn/en herankommen; Verkrustungen aufbrechen, ohne Diskrepanzen zuzukleistern; Konfliktfähigkeit im Kollegium in Richtung auf mehr Rationalität fördern; Durchschaubarkeit der Schulleitung vergrößern, Mitwirkungsmöglichkeiten offenlegen.

* Mehr Möglichkeiten für Arbeit in der Gruppe schaffen, weniger Einzelkämpfertum; etwas Neues machen können, gegen Routine ankämpfen.

* Das Engagement für die Schule im Kollegium intensivieren.

* Neue Arbeitstechniken dürfen nur Mittel zum Zweck sein, es darf keine technische Routine etabliert werden. Vor Jahren hat sich das Kollegium noch spontan verhalten; der Fehler war, zunehmend technokratische Lösungen zu forcieren, das soll verändert werden.

Der Schulleiter nimmt an der Sitzung der Steuergruppe teil; es ist aber nicht klar, ob er der Steuergruppe angehört oder nur als "Hausherr" die Sitzung eröffnet hat. Hierüber kommt es in der Steuergruppe zu einer Diskussion, die in den Beschluß mündet, daß der Schulleiter Mitglied der Steuergruppe ist, um den Koordinierungsaufwand zwischen Schulleitung und Steuergruppe möglichst klein zu halten. Zum Sprecher der Steuergruppe wird ein Kollegiumsmitglied gewählt, das das Institutionelle Schulentwicklungsprogramm der Hauptschule gegenüber dem Kollegium und den Moderatoren vertritt.

Einen weiteren Diskussionspunkt bildet die Frage, ob die Steuergruppe in ihrer gegenwärtigen Zusammensetzung die unterschiedlichen Strömungen im Kollegium repräsentiert. Hierbei wird deutlich, daß bislang eher die "Meinungsführer" des Kollegiums vertreten sind. Die Steuergruppe will den Versuch unternehmen, weitere Kollegiumsmitglieder zur Mitarbeit einzuladen, um das Meinungsspektrum zu verbreitern.

6. 8 Der Kontrakt

Die Steuergruppe und die Moderatoren für Schulentwicklung fassen die wesentliche Vereinbarungen, die für die gemeinsame Arbeit leitend sein sollen, in einem Kontrakt zusamen. In ihm wird auch berücksichtigt, welche Daten die Grundlage für das Institutionelle Schulentwicklungsprogramm in der Hauptschule bilden sollen.

Für die Abfassung eines Kontraktes in einem ISP gibt es keine verbindlichen Normen. Was innerhalb des Kontraktes geregelt werden sollte, ist Gegenstand der jeweiligen Vereinbarung zwischen Moderatoren und Steuergruppe. Im vorliegenden Fall hat die Steuergruppe im Kontrakt ihre Beziehungen zu den Moderatoren, zur Schulleitung und zum Kollegium geregelt und einen Zeitpunkt zur Revision dieses Kontraktes fixiert. Damit sind die Arbeitsbeziehungen auf ein verläßliches Fundament gestellt, ohne daß die Arbeitsin-

Kontrakt

* Der Schulleiter ist Mitglied der Steuergruppe.

* Die Steuergruppe soll nach Möglichkeit um weitere Mitglieder aus dem Kollegium ergänzt werden, um das Meinungsspektrum zu erweitern.

* Die Steuergruppe leitet bis zur Auswertung der Datenerhebung das ISP in der Schule. Danach wird im Kollegium neu darüber entschieden, ob und wie die Maßnahme fortgesetzt werden soll und wer die Leitung übernimmt.

* Die Moderatoren für Schulentwicklung nehmen ihre Funktion gegenüber der Steuergruppe wahr.

* Das Kollegium wird über Diskussionen und Beschlüsse der Steuergruppe durch Protokolle und - bei Bedarf - in Dienstbesprechungen informiert.

* Meinungsäußerungen des Kollegiums werden bei den Beratungen der Steuergruppe berücksichtigt.

* Die Steuergruppe trifft geeignete Vorkehrungen, um Meinungsäußerungen des Kollegiums zu erfassen.

Kontrakt: Auszug

halte schon zu einem frühen Zeitpunkt des Entwicklungsprozesses unnötig eingegrenzt wären.

6.9 Die Daten

Für die weitere Arbeit ist die Frage von Belang, welche Daten zur Grundlage des Institutionellen Schulentwicklungsproramms gemacht werden soll. Hierzu gibt es verschiedene Möglichkeiten. Wenn z.B. sich das Kollegium darüber einig ist, daß Disziplinfragen das zentrale Problem der Schule darstellen, dann kann sich eine Datensammlung auf diesen Schwerpunkt konzentrieren: man wird vielleicht zu erheben versuchen, worin nach Ansicht der Lehrer und Lehrerinnen die wesentlichen Disziplinprobleme bestehen, welche Ursachen sie haben, in welchen Erscheinungsformen sie sich zeigen und welche Möglichkeiten gesehen werden, dagegen anzugehen. Vielleicht wird man auch eine entsprechende Erhebung unter den Schülerinnen und Schülern durchführen.

In der Hauptschule in N. lag der Fall komplizierter. Die Motive des Schulleiters und der Mitglieder der Steuergruppe verdeutlichen, daß es nicht eine einheitliche Problemsicht an dieser Schule gab, vielmehr war ein Bündel von ganz unterschiedlichen Beweggründen und Wahrnehmungen auszumachen. Das bedeutete aber, daß am Anfang

---

2. Unterrichtspraxis

Wenn Sie unterrichten, wieviel Unterrichtszeit
a) verwenden die Schüler (real) für
b) sollten sie verwenden (ideal) für

1	2	3	4	5
sehr wenig Zeit				sehr viel Zeit

	real	ideal
1. das Zuhören bei Vorträgen und Erklärungen des Lehrers?	1 2 3 4 5	1 2 3 4 5
2. Gespräche untereinander und mit dem Lehrer?	1 2 3 4 5	1 2 3 4 5
3. verschiedene Formen von Gruppenarbeit?	1 2 3 4 5	1 2 3 4 5
4. Rollenspiele oder Dramatisierungen sowie szenische Darstellungen?	1 2 3 4 5	1 2 3 4 5
5. Aktivitäten, die den Gebrauch audiovisueller Hilfsmittel bedingen?	1 2 3 4 5	1 2 3 4 5
6. Eigenaktivität, selbstgewählte Aufgaben?	1 2 3 4 5	1 2 3 4 5
7. individuelle Arbeit, z.B. schriftliche und/oder praktische Aufgaben?	1 2 3 4 5	1 2 3 4 5
8. Teilnahme an der Ausgestaltung des eigenen Schulalltags?	1 2 3 4 5	1 2 3 4 5

Auszug aus GIL

eines Entwicklungsprozesses im Kollegium zunächst einmal ein Verständigungs- und Klärungsprozeß darüber eingeleitet werden mußte, worin denn nach Meinung des Kollegiums das zentrale Problem bestand, auf das sich ein Entwicklungsprogramm beziehen könnte. Für einen solchen Klärungsprozeß kann aber nicht auf eine bereits vorhandene Datenmenge (z.B. den eingangs erwähnten Fragebogen zum Thema "Unterrichtsstörungen") zurückgegriffen werden, da hierdurch andere denkbare Fragerichtungen ausgegrenzt würden. In einem solchen Fall kommt es darauf an, mit einem möglichst "breitbandigen" Untersuchungsinstrument die zentralen Aspekte schulischer Praxis zu erfassen und abzubilden, um auf dieser Grundlage einen Klärungsprozeß einzuleiten, der alle denkbaren Themenfelder für alle Kollegiumsmitglieder zur Diskussion stellt. Ein solches Untersuchungsinstrument stellt der sog. "GIL" dar (**G**uide to **I**nstitutional **L**earning), der von Per Dalin zunächst für Skandinavien entwickelt und inzwischen an deutsche Schulverhältnisse angepaßt worden ist. Der GIL untersucht die Schule im Hinblick auf zehn verschiedene Kategorien: 1. Werte und Ziele, 2. Unterrichtspraxis, 3. Arbeitsklima an der Schule, 4. Normen und Erwartungen, 5.Führung, 6. Entscheidungsprozeß, 7. Einfluß und Kontrolle, 8. Veränderungen in der Schule, 9. Zeit für Arbeitsaufgaben, 10. "Honorierung"/Anreize. Zu jeder dieser Kategorien werden durchschnittlich 20 Items im Hinblick auf den Real- und den Ideal-Zustand abgefragt (siehe Abbildung); darüber hinaus gibt es zu jeder Kategorie zusätzlich die Möglichkeit der freien Äußerung, die in der Auswertung ebenfalls erfaßt wird.

In der Arbeit mit dem GIL kann nicht schon aufgrund der durch ihn gewonnenen Daten eine zutreffende Gesamtschau der spezifischen Situation an einer Schule z.B. durch die Moderatoren für Schulentwicklung formuliert werden. Die Daten gewinnen vielmehr ihre Aussagekraft erst durch eine **gemeinsame Analyse des Kollegiums**, das sich und seine Schule mit dem Instrument des GIL selbst untersucht. Bedeutsamkeit erlangen die GIL-Daten also erst als Resultat eines Prozesses der"**kommunikativen Validierung**".Daß dies nicht anders sein kann, läßt sich am konkreten Fall der Hauptschule demonstrieren. Der auf S. 187 abgebildete GIL-Auszug vermittelt einen Eindruck davon, wie das Kollegium seine eigene Unterrichtspraxis beurteilt. Dieser Ausschnitt für sich genommen gibt aber noch keine hinreichende Auskunft über den anzustrebenden Entwicklungsprozeß.

GIL -Kategorie 2: Unterrichtspraxis

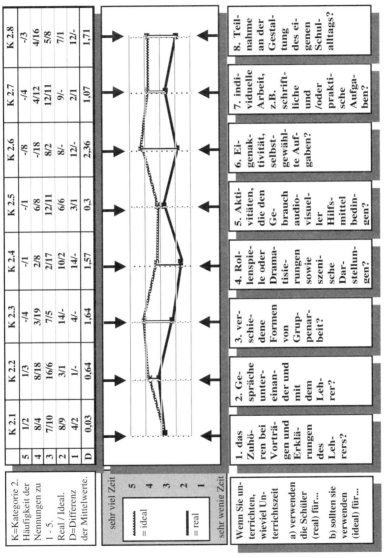

Es muß nämlich nach den Ursachen dieser Situation gefragt werden: Hat sie zu tun mit den an der Schule herrschenden Werten und Zielen? Kann sie in irgendeiner Weise durch das Führungsverhalten der Schulleitung beeinflußt werden? Ist sie Resultat eines bestimmten Arbeitsklimas? Welche Rolle spielt der innerschulische Entscheidungsprozeß z.B. in Fach- und Pädagogischen Konferenzen? Über alle diese Fragen können z.B. externe Moderatoren für Schulentwicklung nur Mutmaßungen anstellen, die sich auf der Grundlage der GIL-Daten in unterschiedliche Hypothesen kleiden lassen. Welche der denkbaren Hypothesen aber für die Schule tatsächlich relevant sind, können nur ihre Mitglieder selbst und gemeinsam klären. Und da es in jedem Kollegium unterschiedliche Sichten auf dieselben Sachverhalte und damit auch unterschiedliche Verknüpfungen von Phänomenen im Hinblick auf ihre kausalen Zusammenhänge gibt, kann die Analyse der Daten nur in einem Verständigungsprozeß des gesamten Kollegiums geleistet werden. Am Ende eines solchen Prozesses kann dann eine gemeinsame Problemsicht stehen, die durch die Vernetzung der verschiedenen Einzeldaten des GIL gewonnen worden ist. Dies zu leisten ist Aufgabe der feedback-Konferenz.

6.10 Das Daten-feedback.

Die Steuergruppe der Hauptschule in N. hatte nach einer Diskussion im Kollegium beschlossen, für das Daten-feedback einen Zeitraum von anderthalb Tagen anzusetzen. Es sollte in Form einer Pädagogischen Konferenz außerhalb der Schule stattfinden; die gemeinsame Übernachtung am Tagungsort sollte genügend Spielraum schaffen, um die Tagung nicht unter Zeitdruck geraten zu lassen, überdies sollte das Kollegium Gelegenheit für informelle Kontakte außerhalb des eigentlichen "Programms" haben". Abweichend von der üblichen Praxis der Schule lag die Leitung der Pädagogischen Konferenz nicht beim Schulleiter, sondern bei den Mitgliedern der Steuergruppe. Inhaltlich hatte sich die Steuergruppe auf die Pädagogische Konferenz dadurch vorbereitet, daß sie für sich eine Analyse der GIL-Daten vorgenommen hatte, um auf die unterschiedlichen Interpretationsmöglichkeiten eingestellt zu sein und das Kollegium u.U. auf nicht wahrgenommene Zusammenhänge aufmerksam machen zu können. Bei ihrem Interpretationsversuch hatte sich die Steuergruppe an folgenden **Leitfragen für eine Problemformulierung** orientiert: 1.Um welche Art von Problem handelt es sich? 2.Wer verursacht das Problem? 3. Wer ist von dem Problem betroffen? 4. Welches Ziel / welche Ziele sollte eine schulinterne Entwicklung anstreben?

Problemformulierung der Steuergruppe

1. Um welche Art von Problem handelt es sich?

Der Schulalltag wird immer rauher. Aus den Ergebnissen läßt sich schließen, daß Störungen dadurch verursacht werden, daß Schüler und Lehrer keine Zeit haben, miteinander umzugehen (Kommunikationsproblem); daß Lehrer keine Zeit haben, sich weiterzuentwickeln (Fortbildungsproblem); daß Lehrer wie Schüler nicht in der Lage sind, Innovationen anzunehmen (Problem der Akzeptanz neuer Erkenntnisse).

2. Wer verursacht das Problem?

Viele Faktoren können als mögliche Ursachen aus den Ergebnissen herausgelesen werden. Zusammenhänge sehen wir mit dem Bereich "Innovationsfähigkeit", wo anscheinend unseren Schülern nicht zugetraut wird, auf Neuerungen zu reagieren. Es kann aber auch daran liegen, daß wir nicht die Zeit haben, uns in angemessener Weise mit Neuerungen auseinanderzusetzen, weil wir uns z.B. zu sehr mit Formalkram aufhalten (müssen?). Oder sollte eine Ursache darin liegen, daß wir unfähig sind, mit Neuerungen umzugehen bzw. neue Wege zu erproben? Wir halten am Hergebrachten fest, es fehlt am konstruktiven Angehen von Lösungswegen. Die Störanfälligkeit von Unterricht ist erkannt, Entwicklungen finden jedoch nicht statt, statt dessen "läuft" der Alltag ab, es stellen sich immer die gleichen Fragen, ohne daß Wege, auf denen sich Lösungen zeigen, mit Konsequenz gegangen werden.

3. Wer ist von dem Problem betroffen?

Alle Lehrer und Schüler sind betroffen. So meinen sehr viele Kollegen, daß Gruppenarbeit, Rollenspiele und szenische Darstellungen, Eigenaktivitäten der Schüler, eigene Ausgestaltung des Schulalltages, die eigene Fortbildung und Kontakte zu den Schülern im Schulalltag zu kurz kommen.

4. Welches Ziel / welche Ziele sollte eine schulinterne Entwicklung an streben?

Mehr über alternative Unterrichtsformen zu erfahren; mehr Zeit für die Entdeckung und das Beschreiten neuer Wege zu haben; mehr Zeit zu bekommen, die eigene Entwicklung und natürlich die der Schüler voranzutreiben; effektivere Wege zu beschreiten, um diese Wünsche zu realisieren.

Am Leitfaden dieser Fragen entlang wurde der Versuch unternommen, die GIL-Daten vor dem Hintergrund der eigenen Erfahrungen in einen Zusammenhang zu bringen, wobei diese Interpretation nicht die des Kollegiums ersetzen sollte und konnte. Aber dadurch, daß sich die Mitglieder der Steuergruppe auf die unterschiedlichen Deutungs- und Verknüpfungsmöglichkeiten der GIL-Daten eingelassen hatten, waren sie gut auf ihre Aufgabe vorbereitet, den Analyse-Prozeß des Kollegiums zu moderieren. Dabei leitete je ein Mitglied der Steuergruppe eine Kleingruppe. Das Tagungskonzept insgesamt war so angelegt, daß aus der Fülle der Daten ein Problemschwerpunkt als Konsens herausgefiltert werden sollte, wobei das herrschende Prinzip darin bestand, die Teilergebnisse aller Gruppen für alle verfügbar zu machen, so daß sich die eigne Arbeit hierauf jeweils beziehen konnte. Am Ende der Tagung wurden die Gruppenergebnisse im Plenum vorgestellt. Auf dieser Grundlage konnten dann Prioritäten für die weitere Arbeit vereinbart

Pädagogische Konferenz-Tagesordnung
1.Tag
11.00 Uhr
- Tagungseröffnung, Formalien / Normen
- Stärken und Schwächen unerer Schule: Gedankenaustausch auf der Grundlage der GIL-Auswertung
(Arbeit im Plenum: Lesephase, Aktionskarten: Stärken/ Schwächen, Strukturieren der Aktionskarten)
12.30 Uhr Mittagessen
13.30 Uhr
- Auswertung der GIL-Daten nach Themenschwerpunkten
(Plenum: Bildung von themenbezogenen Arbeitsgruppen; Kleingruppen: schriftliche Problemformulierung, Wandzeitung)
15.00 Uhr Kaffeepause
- Fortsetzung der Arbeit in Kleingruppen
17.30 Uhr
- Vorstellen der Gruppenergebnisse
(Plenum: Wandzeitung, Gesprächskreis)
18.30 Uhr Abendessen
2. Tag
08.30 Uhr Frühstück
09.00 Uhr Organisatorisches (Plenum)
09.15 Uhr
- "Vernetzen" der Gruppenergebnisse: Bestehen Querverbindungen zwischen den verschiedenen Problembereichen?
(Arbeit in Kleingruppen auf der Grundlage der am Vortag angefertigten Problemformulierungen; Folien zur Ergebnissicherung)
12.30 Uhr Mittagessen
13.30 Uhr
- Perspektiven der weiteren Arbeit:
1. Machen wir weiter?
2. Wo liegen die Prioritäten unserer Arbeit?
(Diskussion und Entscheidung im Plenum)
16.00 Uhr Ende der Tagung

werden (siehe Tagesordnung der Pädagogischen Konferenz). Bis zu diesem Zeitpunkt war die Tagung sehr erfolgreich verlaufen. Die Kollegiumsmitglieder bekundeten, lange nicht mehr so intensiv über pädagogische Grundsatzfragen ihrer Schule gemeinsam nachgedacht zu haben und dabei auch mit solchen Kolleginnen und Kollegen ins Gespräch gekommen zu sein, zu denen sie im Alltag eher selten Kontakt hatten. Eine weitere wichtige Erfahrung wurde darin gesehen, daß die Mitglieder der Steuergruppe sehr kompetent die fast zweitägige gemeinsame Arbeit vorbereitet und geleitet hatten; allen Beteiligten war klar, daß dies u.a. auch deswegen möglich war, weil der Schulleiter bereit war, sich auf die Rolle eines "normalen" Kollegiumsmitgliedes zu beschränken und somit der Steuergruppe den notwendigen Handlungsraum zu eröffnen, in dem sie ihre Kompetenzen erproben konnte. Vor dem Hintergrund dieser positiven Einschätzung des Tagungsverlaufs erschien die Aufgabe, Prioritäten zu verabreden und eine Zielvereinbarung für die weitere Arbeit zu treffen, nur noch als eine bloße Formsache.

6.11 Die Zielvereinbarung

Die verschiedenen Kleingruppen hatten einen Themenkatalog möglicher Arbeitsvorhaben für ein Institutionelles Schulentwicklungsprogramm erarbeitet. Im einzelnen wurden folgende Vorschläge gemacht: ein pädagogisches Profil für die Schule erarbeiten, eine Hausaufgabenbetreuung (Silentium) nach Schulschluß einrichten, Freiarbeit einführen, ein Konzept für den Einsatz eines Sozialarbeiters in der Schule erarbeiten, jahrgangsbezogene Lehrer/innenteams bilden, die Schule als Lebensraum schülerfreundlicher gestalten. Über all diese Vorschläge sollte nicht einfach abgestimmt werden. Vielmehr war als Prinzip verabredet worden, die Zielvereinbarung im Sinne eines möglichst weitgehenden inhaltlichen Konsenses zu treffen. Auf diese Weise sollte das bei üblichen Abtimmungen zu beobachtende Phänomen vermieden werden, daß sich die unterlegene "Partei" selten mit dem Mehrheitsbeschluß identifiziert und dann auch kaum bereit ist, Arbeit in ein entsprechendes Projekt zu investieren. Angestrebt war, daß das Kollegium insgesamt das gemeinsam geplante Entwicklungsvorhaben zu seinem "Eigentum" machen sollte. Dabei sollte zunächst mit einem Projekt begonnen werden, das relativ schnell zum Erfolg führen würde, um dem Kollegium zu positiven Erfahrungen mit der Arbeit in einem Institutionellen Schulentwicklungsprogramm zu verhelfen und so seine Bereitschaft zu wecken, sich dann auch auf längerfristige und komplexere Entwicklungsvorhaben einzulassen.

Bei dem Versuch, in diesem Sinne zu einer Prioritätenbildung als Grundlage einer Zielvereinbarung zu kommen, trat jedoch ein Dilemma auf, das gerade mit den positiven Erfahrungen im bisherigen Tagungsverlauf zu tun hatte.

Alle Teilgruppen des Kollegiums identifizierten sich in so hohem Maße mit ihrem jeweiligen Themenvorschlag, daß zunächst nicht absehbar war, wie ein Konsens über ein gemeinsames Entwicklungsvorhaben zustandekommen sollte. Außerdem trat ein grundsätzlicher Konflikt zutage, der das Kollegium in zwei Gruppen spaltete. Ein Teil des Kollegiums vertrat die Auffassung, zunächst müsse ein pädagogisches Grundsatzkonzept erarbeitet werden, bevor man an die Planung konkreter Einzelvorhaben gehen könne, anderenfalls würden nur wieder isolierte Zufallsprojekte ohne Bezug zu den Kernaufgaben der Schule installiert. Genau entgegengesetzter Auffassung war eine andere Kollegiumsgruppe: für sie sei wichtig, möglichst bald konkret an der Weiterentwicklung der Schule arbeiten zu können. Wiederholte Fundamentalreflexionen führten in der Sache zu nichts und zerstörten die Motivation, sich über die bloßen Pflichtaufgaben hinaus für die Schule zu engagieren. Angesichts dieser Situation mußte eine Lösung gefunden werden, die keine der beteiligten Konfliktparteien zu Verlierern stempeln würde. Die Lösung bestand in der Idee, die Arbeit an den verschiedenen Einzelvorhaben als Konkretisierungsformen des Schulprofils zu betrachten. Als Globalziel vereinbarte das Kollegium, das Lehrer-Schüler-Verhältnis durch den Einsatz alternativer Unterrichtsformen sowie durch vermehrte außerunterrichtliche

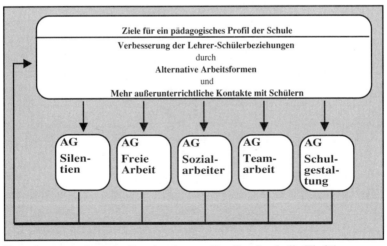

Kontakte zu verbessern. Im einzelnen sollte dies durch die Einführung von Freiarbeit, durch ein Angebot von Silentien, durch die Einstellung eines Sozialarbeiters, die Etablierung von jahrgangsbezogenen Lehrer/innenteams

sowie durch eine schülerfreundlichere Gestaltung der Schule realisiert werden. Jedes der konkreten Einzelvorhaben sollte durch eine Arbeitsgemeinschaft interessierter Kollegiumsmitglieder inhaltlich erarbeitet und der Schulöffentlichkeit zur Beschlußfassung vorgestellt werden. Im Zuge der **Institutionalisierung** der verschiedenen Maßnahmen sollte dann in bestimmten Abständen im Kollegium darüber kritisch nachgedacht werden, inwieweit die Einzelprojekte tatsächlich zu dem formulierten Globalziel für ein pädagogisches Profil der Schule beitrügen. So sollte vermieden werden, daß sich die Einzelmaßnahmen gegenüber dem übergeordneten Ziel verselbständigten.

Mit diesem Modell konnte in der Pädagogischen Konferenz sichergestellt werden, daß die Interessen aller beteiligten Gruppen in dem geplanten Institutionellen Schulentwicklungsprogramm Berücksichtigung fanden, zugleich war aber inhaltlich ein äußerst komplexes Entwicklungsvorhaben formuliert worden, das das "Projektmanagement" vor schwierige Aufgaben stellen mußte.

6.12 Das Projektmanagement

Einen Grundsatzbeschluß über ein Entwicklungsvorhaben zu fassen, ist für eine Schule ein wichtiger Schritt. Entscheidend ist aber, ob es gelingt, diesen Grundsatzbeschluß im Hinblick auf die damit verbundenen Teilaufgaben zu konkretisieren, die weiteren Schritte zu ihrer Realisierung zu planen, Personen zu finden, die bereit sind, diese Realisierung inhaltlich zu leisten, einen Terminplan zu erstellen, der das Ineinandergreifen der verschiedenen Teilschritte überschaubar macht, und schließlich Kriterien zu formulieren, anhand derer entschieden werden kann, ob das geplante Entwicklungsvorhaben erfolgreich durchgeführt worden ist. Alle die hier genannten Aufgaben gehören in den Bereich, den man mit dem Begriff "Projektmanagement" belegt. Die Frage, wer das Projektmanagement wahrnimmt, in welcher Zuständigkeit und Verantwortlichkeit er dabei handelt, ist für die Stellung des Kollegiums zu diesem Projekt von entscheidender Bedeutung. Es ist ein Unterschied, ob das Projektmanagement bei der Schulleitung oder einer Gruppe des Kollegiums liegt: im letzteren Fall wird das Projekt wohl eher zur Sache des ganzen Kollegiums werden können. Im Falle der Hauptschule in N. sollte die Steuergruppe das Projektmanagement wahrnehmen. Diese hatte dazu in einem Ablaufdiagramm (einer Art von Netzplan) die anfallenden Teilaufgaben, die möglichen Auftgabenträger sowie die notwendigen Entscheidungen zusammengestellt und mit einer überschlägigen Zeitplanung versehen. Auf dieser Grundlage hatten sich im Kollegium themenbezogene Arbeitsgruppen gebildet, die im vierzehntägigen Rhythmus jeweils in einer 6.Stunde tagen sollten, um dann Aufgaben zu verteilen, Zwischenergebnisse vorzustellen und notwendige Vereinbarungen zu treffen. Die Rahmenbedingungen hierfür sollten von der Steuergruppe vorbereitet werden.

Zum ersten dieser Termine hatten sich die Moderatoren für Schulentwicklung im Lehrerzimmer eingefunden. Sie machten dabei folgende Beobachtungen:

- im Kollegium und z.T. in der Steuergruppe ist nicht klar, ob im Plenum oder in Gruppen gearbeitet werden soll,
- nachdem Gruppenarbeit angesagt worden ist, ist nicht allen bekannt, welche Räume aufgesucht werden sollen,
- ein Mitglied der Steuergruppe trägt in die AG-Listen am schwarzen Brett Raumnummern für die AG´s ein,
- einige Kolleg/inn/en wissen nicht, in welcher Gruppe sie arbeiten sollen,
- um 12.50 Uhr (20´ nach Beginn) haben noch immer einige Mitglieder des Kollegiums nicht ihre Gruppenräume aufgesucht.
- Der Schulleiter, der diese Vorgänge ebenfalls beobachtet und für einen reibungsloseren Beginn der Arbeit sorgen könnte, greift nicht ein.

Die Moderatoren für Schulentwicklung analysierten mit den Mitgliedern der Steuergruppe bei einer späteren Zusammenkunft diese Situation: Lehrerinnen und Lehrer sind es gewohnt, im Unterricht aus der Position des Ranghöheren z.B. Gruppenarbeit von Schülern und Schülerinnen anzuordnen. Bezogen auf das eigene Kollegium (also eine Gruppe von Ranggleichen) wird diese Fähigkeit nicht selbstverständlich übertragen: sie kommt - jedenfalls in dieser Hauptschule - der Person des Schulleiters zu. Die Steuergruppe begreift sich offensichtlich als ein Team, das dem Schulleiter inhaltlich zuarbeitet, das aber nicht über die Kompetenz verfügt, die erarbeiteten Vorschläge - und sei es auch nur ein Raumplan für Gruppenarbeit - im Kollegium durchzusetzen. Hierzu bedarf es in dieser Schule der Autorität des Schulleiters. Betrachtet man diese Situation aus einer organisationssoziologischen Perspektive, dann gibt es unterschiedliche Modelle zu ihrer Lösung. Sie betreffen die Frage, wie die Steuergruppe, in deren Zuständigkeit das Projektmanagement für das Entwicklungsvorhaben liegt, in die hierarchische Struktur der Schule eingeordnet werden kann. Grundsätzlich bieten sich drei Alternativen an, die Steuergruppe aufbauorganisatorisch einzubinden:

1) als **Stab** zur Beratung des Schulleiters ohne eigene Entscheidungskompetenz,
2) in der **Linie** mit eigenen formellen und inhaltlichen Kompetenzen für das Projekt,
3) in der **Matrix** mit inhaltlichen Zuständigkeiten für das Projekt, wobei sie auf die Abstimmung mit den formellen Entscheidungträgern angewiesen bleibt.

Organisatorische Einbindung	Projekt-Management (temporär)	Funktions-Management (permanent)
Stab	Information / Beratung	Entscheidung
Matrix	Projektverantwortung	disziplinarische Weisungsbefugnis
Linie	Entscheidung	Information / Beratung

(3)

Jede dieser Möglichkeiten hat bestimmte Konsequenzen für Selbst- und Fremdbild der Steuergruppe, für den Grad ihres Einflusses auf das Entwicklungsvorhaben und damit die Identifikation mit dem Projekt, schließlich ist sie Ausdruck des an der Schule herrschenden oder angestrebten Führungsstilkonzeptes. Gleichgültig jedoch, welche der Möglichkeiten realisiert wird, wichtig ist, daß das gewählte Modell mit seinen jeweiligen Implikationen von den beteiligten Personen und Gruppen durchschaut und akzeptiert wird.

In der Hauptschule in N. war diese Voraussetzung jedoch noch nicht erfüllt. Die Steuergruppe betrachtete sich eher als Stab, dessen Vorschläge vom Schulleiter formell durchgesetzt werden mußten; in dieser Rolle wurde die Steuergruppe wohl auch von der Mehrheit des Kolegiums gesehen. Deshalb hatten die Mitglieder der Steuergruppe Hemmungen, mit direkten Anweisungen den Arbeitsprozeß der verschiedenen AG´s einzuleiten. Andereseits sah der Schulleiter die Steuergruppe in einer Linienfunktion, sie hatte nicht nur die einzelnen Arbeitsschritte inhaltlich vorzubereiten, sondern auch ihre Durchführung formell zu gewährleisten. Aus diesem Grund mußte er sich in der geschilderten Situation mit eigenen Aktionen zurückhalten. Die Aufgabe von Moderatoren für Schulentwicklungsberatern besteht u.a. darin, solche unterschiedlichen Interpretationen von Situationen und Rollen in einem Kollegium bewußt zu machen, sie durch die Beteiligten diskutieren zu lassen und hierdurch einer konstruktiven Lösung zuzuführen.

Die in diesem Abschnitt geschilderte Situation stellte den Beginn einer langen und erfolgreichen Entwicklungsarbeit in der Hauptschule dar. In dieser Zeit sind von den beteiligten Kolleginnen und Kollegen viele neue Inhaltsfelder erarbeitet worden. Es gab Phasen, in denen Frust aufkam, weil Erfolgserlebnisse sich nicht immer einstellen wollten. Es gab Rückschläge, weil einzelne Kollegiumsmitglieder, die für das Projekt wichtig waren, unter dem Eindruck rückläufiger Schülerzahlen an andere Schulen versetzt wurden. Gleichwohl hat das Projekt seine Eigendynamik entwickelt: die Schulleitung war bereit, neue Möglichkeiten der Selbstentwicklung im Kollegium zuzulassen; Lehrerinnen und Lehrer, die ihren Beruf nicht nur als Job sehen wollten, haben in diesem Projekt über die inhaltliche Weiterentwicklung ihrer Schule hinaus für sich ein neues Bild ihrer Berufsrolle gewonnen, mit erweiterten Kompetenzen, mit neuen Kooperationsmöglichkeiten, mit einem gestärkten Selbstbewußtsein.

Literatur

Nach:**Per Dalin und Hans-Günter Rolff, Institutionelles Schulentwicklungsprogramm.** Eine neue Perspektive für Schulleiter, Kollegium und Schulaufsicht. Soester Verlagskontor 1990, S.40

Nach:**Per Dalin, Organisationsentwicklung als Beitrag zur Schulentwicklung.** Innovationsstrategien für die Schule. Ferdinand Schöningh, Paderborn 1986, S.131

Nach:**W.H.Staehle, Management.** Eine verhaltenswissenschaftliche Perspektive. Verlag Franz Vahlen, München 1989, S. 708

7. Literatur

Literatur

R.Berger / W.Borkel: Grundwissen Betriebsorganisation, Wilhelm Heyne Verlag, München 1988

Brauneck, Brönstrup, Horster, Rottmayer: Beiträge zur Methodik der Lehrerfortbildung, LSW, Soester Verlagskontor 1990

P. Dalin: Organisationsentwicklung als Beitrag zur Schulentwicklung. Innovationsstrategien für die Schule. Ferdinand Schöningh, Paderborn 1986

P.Dalin u. H.-G.Rolff: Institutionelles Schulentwicklungsprogramm. Eine neue Perspektive für Schulleiter, Kollegium und Schulaufsicht. Soester Verlagskontor 1990,

Deutscher Bildungsrat: Empfehlungen der Bildungskommission. Strukturplan für das Bildungswesen. Ernst Klett Verlag, Stuttgart 1972[4]

H. Fend: Ansätze zur inneren Schulreform und zur Qualitätsverbesserung von Schule - Gestaltungsrichtungen des Bildungswesens auf der Grundlage der Erfahrungen der letzten 20 Jahre. In: Begabung - Lernen - Schulqualität. Soester Symposion 1987. Soester Verlagskontor 1987

W.L. French, C.H.Bell jr.: Organisationsentwicklung. UTB 486. Verlag Paul Haupt, Bern und Stuttgart 1982, S. 34

Gesetz über die Mitwirkung im Schulwesen - Schulmitwirkungsgesetz (SchMG) - Vom 13. Dezember 1977

H. Haenisch: Was ist eine "gute" Schule? Empirische Forschungsergebnisse und Anregungen für die Schulpraxis. Arbeitsberichte zur Curriculumentwicklung, Schul- und Unterrichtsforschung. LSW Soest 1985

ISP-Info, LSW Soest, Ref.II/10, 1991

F. Kroath: Möglichkeiten und Grenzen der Darstellung und Veränderbarkeit Subjektiver Theorien von Lehrern. Zwei gegensätzliche Fallbeispiele zur Modifikation von Subjektiven Unterrichtstheorien. In: J.Schlee/H.Wahl (Hg.), Veränderung subjektiver Theorien von Lehrern. Oldenburg 1987, S. 56 f.

W. Klafki: Schulnahe Curriculumentwicklung in Form von Handlungsforschung. In: Günter Brinkmann (Hrsg.), Offenes Curriculum - Lösung für die Praxis. Scriptor Verlag Kronberg/Ts. 1975, S. 53 f.

H.Kleingeist, W.Schuldt: Gemeinsam Schule machen, Soester Verlagskontor 1990

Ch. Lauterburg: Arbeitssupervision im Kollegenkreis. Praxisbegleitende Qualifizierung durch geregelte Gruppen-Supervision. Manuskript 1990. Zitiert nach W.Schley, in: U.Greber u.a.(Hrsg.): Auf dem Weg zur "Guten Schule": Schulinterne Lehrerfortbildung. BELTZ Grüne Reihe, Weinheim und Basel 1991

N.Luhmann: Funktionen und Folgen formaler Organisationen, Berlin 1972

J.W.Pfeiffer/J.E.Jones: Arbeitsmaterial zur Gruppendynamik 5, BCS, Gelnhausen/Berlin, Freiburg i.Br., Stein bei Nürnberg

E.Philipp: OE-Verfahren: Selbstuntersuchung. In:Schulleitungsseminar. Grundkurs Organisationsentwicklung, Band 2.1, Soest 1986

Richtlinien für das Gymnasium - Sekundarstufe I - in Nordrhein-Westfalen. Entwurf Januar 1991

P.Rinza: Projektmanagement. Planung, Überwachung und Steuerung von technischen und nichttechnischen Vorhaben, VDI-Verlag, Düsseldorf 1976

H.-G. Rolff: Schulleitungsseminar. Grundkurs Organisationsentwicklung, Band 2.1, Soest 1986

H.-G.Rolff: Die Stunde der Schulentwicklungsplanung, sm 3/72, S.5ff

H.-G.Rolff, K.Klemm, G.Hansen: Die Stufenschule. Ein Leitfaden zur kommunalen Schulentwicklungsplanung, Ernst Klett Verlag Stuttgart

J.Schlee und D.Wahl: Grundriß des Forschungsprogramms "Subjektive Theorien". In: J. Schlee/H.Wahl (Hg.): Veränderung subjektiver Theorien von Lehrern. Oldenburg 1987, S. 5 f.

Schulmanagement 2/91. Die Zeitschrift für Schulleitung und Schulpraxis. SL Verlag GmbH Braunschweig

Schulverwaltungsgesetz (SchVG) in der Fassung der Bekanntmachung vom 21. Juni 1981

G.Schulz-Wenski: Psychologische Probleme eines Schul-Bildes, Manuskript September 1991

W.H.Staehle: Management. Eine verhaltenswissenschaftliche Perspektive, Verlag Franz Vahlen, München 1989

Ch.Wulf (Hg.): Evaluation, Piper Verlag München 1972

8. Register

A

Ablaufdiagramm   57, 58, 59, 61, 63, 73, 74, 79, 85, 194

Aktionsforschung   24, 25, 26
Aufbauorganisation   68, 69, 72, 73, 164, 165, 166, 167,

Aufgabenanalyse   57, 58, 61, 63

D

Daten, -erhebung, -feedback   25, 32, 36, 48, 50, 52, 55, 79, 85, 143,
                               178, 184, 189
Delegation   160, 161, 162, 164, 171, 173

E

Evaluation   78, 79, 80, 81, 82, 83, 84, 85, 144, 178

F

Fachkonferenz   165, 168, 169, 172

G

GIL   185, 186, 187, 188, 189, 190

I

Ideensammlung   143, 152
Initiativgruppe   34, 37, 48, 49, 54, 58, 79, 104, 105, 106,
                        107, 108, 109

Innovation, innovieren 13, 24, 25, 189
Institutionalisierung   102, 110, 193
ISP   177, 178, 179, 180, 181, 182, 183, 189,
                        191, 192

K

Kartenabfrage	32, 33, 48, 52, 155
Kommunikative Validierung	52, 86, 145, 186
Konsens	50, 55, 143, 190, 191
Kontrakt	178, 183, 184
Kräftefeldanalyse	144, 155, 156, 157

L

Lehrerkonferenz	165, 166, 168, 169, 172, 181, 182
Lehrerrolle	142, 143
Linie, Linienfunktion	68, 69, 71, 72, 164, 167, 170, 171, 190

M

Management by delegation	166
Management by objectives	163, 166
Management by projects	170
Matrix-Organisation	69, 71, 72, 73, 171, 173, 195
Merkmale-Profil	50, 51, 52, 54, 55
Mitwirkungsorgane	161, 164, 165, 166, 169, 172
Moderatoren f. Schulentwicklung	138, 160, 177, 179, 181, 182, 183, 184, 188, 194

O

Organigramm	68, 70
Organisation	17, 19, 20, 22
Organisationsentwicklung	13, 14, 22, 23, 24, 26, 160, 177, 182
Organisationsforschung	15, 16, 17, 66, 126

P

Prioritäten	50, 54, 55, 56, 190, 191
Problemformulierung	50, 52, 53, 54, 55, 108, 189
Projektgruppe	72, 73
Projektmanagement	66, 67, 69, 70, 72, 73, 76, 166, 169 170, 172, 193, 195
Prozeßanalyse	145, 158

R

Rolle, Rollenprobleme	76, 77
Rollenklärung	76, 77

S

Selbstdiagnose	22
Selbstentwicklung, -erneuerung	20, 23, 27, 56, 113, 159, 160, 171, 173, 175
Selbstklärung	20, 27, 66, 175
Selbstuntersuchung	20, 27, 35-49, 52, 85, 168, 175
Subjektive Theorien	96, 97, 98

Sch

Schulentwicklungsprogramm	23, 26, 28, 50, 56, 57, 59, 110, 128, 138, 144, 164
Schulkonferenz	1165, 168, 169, 172
Schulmitwirkungsgesetz	159, 160, 161, 162, 165, 166, 167, 172
Schulprofil, -programm	111, 112, 113, 114, 175, 192
Schulverwaltungsgesetz	160, 161, 167

St

Stab, -sfunktion	68, 69, 70, 72, 164, 170, 171, 195
Steuergruppe	67, 69, 70, 108-110, 159-161, 163, 167-172, 178, 182-184, 189, 190, 194, 195

W

Wandel: Strategien   17, 18, 19, 20, 21, 22
Wandel: Widerstand gegen   22, 95, 96, 97, 98, 99, 105, 145, 155, 156, 157

Z

Ziele   50, 52, 61, 62, 63, 65, 108, 143, 178, 189, 191, 192
Zielklärungsübung   142, 146 - 151
Zukunftswerkstatt   144, 153 - 155